Anna Hila | Franz Specht | Dr. Dörte Weers
Maria Katharina Lauritsch | Katja Hanke

MOMENTE B1.2

DEUTSCH ALS FREMDSPRACHE

Kursbuch

PLUS INTERAKTIVE VERSION

Hueber Verlag

Für die hilfreichen Hinweise bei der Entwicklung des Lehrwerks danken wir:
Beke Meyerdierks, Goethe-Institut, Madrid, Spanien
Carla Christiany, Bologna, Italien
Hans Joachim Schulze, Goethe-Institut Frankfurt, Deutschland
Lisa Hainzl, Universität Salzburg, Österreich
Tünde Salakta, Budapest, Ungarn
Ulrike Lindemann, Lüneburg, Deutschland

Fachliche Beratung:
Prof. Christian Fandrych, Herder-Institut, Universität Leipzig, Deutschland
Prof. Dr. Marion Grein, Leitung Masterstudiengang DaF / DaZ, Universität Mainz, Deutschland

4. 3. 2. | Die letzten Ziffern
2029 28 27 26 25 | bezeichnen Zahl und Jahr des Druckes.
Alle Drucke dieser Auflage können, da unverändert, nebeneinander benutzt werden.
1. Auflage

Umschlaggestaltung: Sieveking Agentur, München
Layout und Satz: Sieveking Agentur, München
Verlagsredaktion: Jutta Orth-Chambah, Silke Hilpert, Sabine Hyna, Cornelia Kentmann, Anna Meißner-Probst, Maria Reimann, Franziska Roth, Hueber Verlag, München
GPSR-Kontakt: Hueber Verlag GmbH & Co. KG, Baubergerstraße 30, 80992 München, kundenservice@hueber.de
Druck und Bindung: PASSAVIA – Druckservice GmbH & Co. KG, Medienstraße 5b, 94036 Passau, info@passavia.de
Printed in Germany
ISBN 978-3-19-201793-3

Art. 530_26460_001_02

Wegweiser

MOMENTE

- trainiert die kommunikativ-sprachlichen Aktivitäten des Begleitbandes zum Europäischen Referenzrahmen – Rezeption, Produktion, Interaktion, Mediation – und fördert plurikulturelle und plurilinguale Kompetenzen.
- ist ein motivierendes Lehrwerk: MOMENTE macht die Lernziele transparent, schafft viele Erfolgserlebnisse und weckt mit spannenden Protagonistinnen und Protagonisten, Themen und Geschichten die Neugier der Lernenden.
- ist handlungsorientiert und bereitet auf Alltag und Beruf vor. Immer eine Lektion pro Modul spielt in einem beruflichen Kontext.
- fördert das gemeinsame Lernen im Kurs durch kooperative Aufgaben.
- ermöglicht individuelles Lernen durch vielfältige Angebote für heterogene Gruppen und durch ein umfassendes Angebot an Erklär-Clips und interaktiven Übungen.
- enthält eine integrierte interaktive Version und eine geschickte Verzahnung von print und digital.

KURSBUCH – STRUKTUR

Pro Niveaustufe 8 Module mit jeweils 3 Lektionen, Schnelltests zu den Lektionen und einer Übersicht über Grammatik und Redemittel (Kommunikation) am Modulende, sowie einem Magazin im Anhang.

MODUL – AUFBAU

3 Lektionen

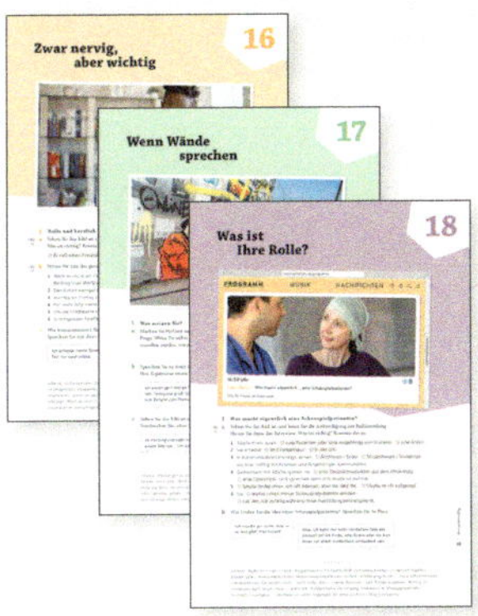

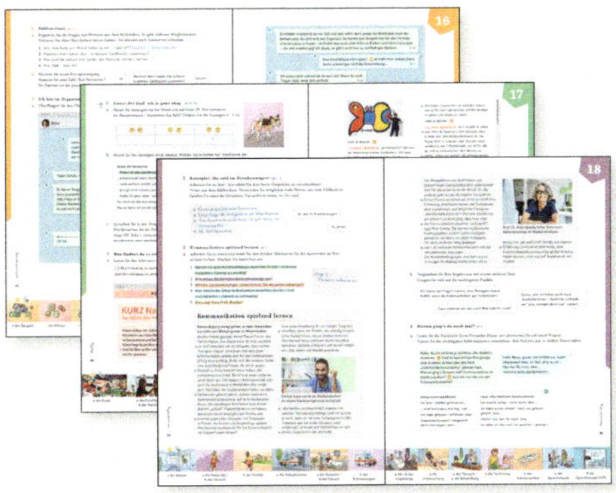

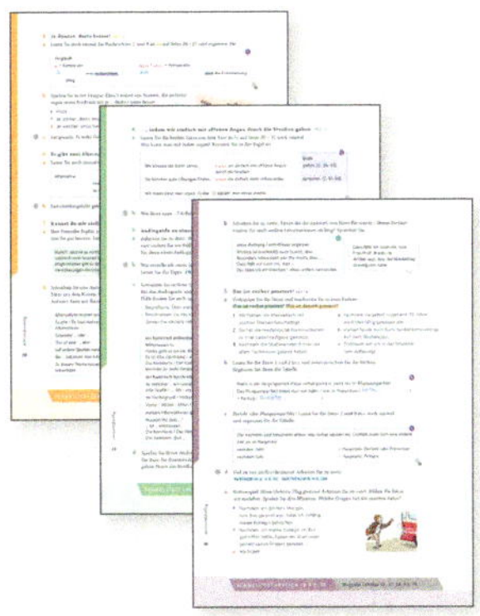

Am Modulende: Schnelltests zu den Lektionen und Übersichtsseiten zum Modul

Im Anhang: Magazinseiten

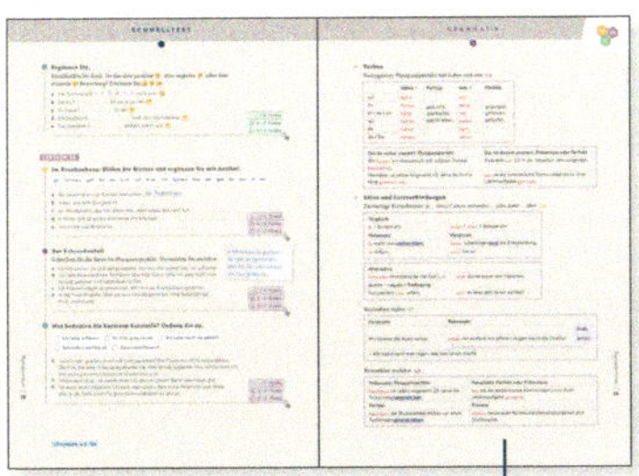

Die Schnelltests greifen den Stoff der Lektionen auf und der Lernerfolg kann allein oder in Gruppen überprüft werden.

Grammatik und Redemittel des Moduls werden klar und übersichtlich dargestellt.

Ein buntes achtseitiges Magazin beleuchtet die Lektionsthemen aus neuen Perspektiven, fördert die plurikulturelle Kompetenz und bietet spannende und vielseitige Themen aus den deutschsprachigen Ländern.

Wegweiser

LEKTION – AUFBAU

Jede Lektion besteht aus vier Seiten und ist transparent aufgebaut. Der Einstieg besteht aus einem oder mehreren interessanten Fotos. Die Geschichten dazu bilden den Rahmen der Lektion.

In jeder Lektion werden Lese- und Hörstrategien trainiert. Auch die produktiven Fertigkeiten Sprechen und Schreiben werden systematisch aufgebaut.

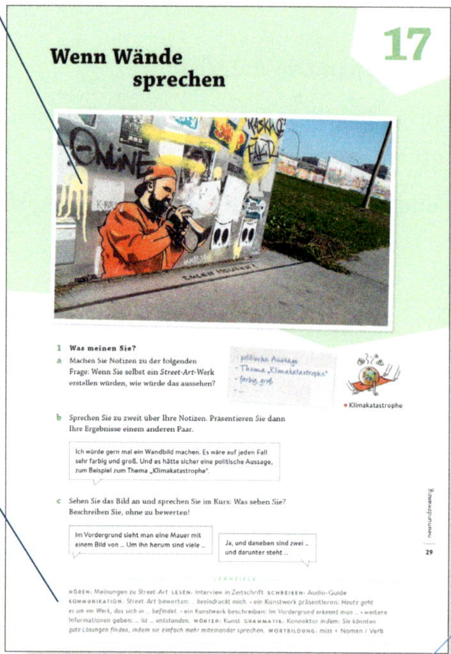

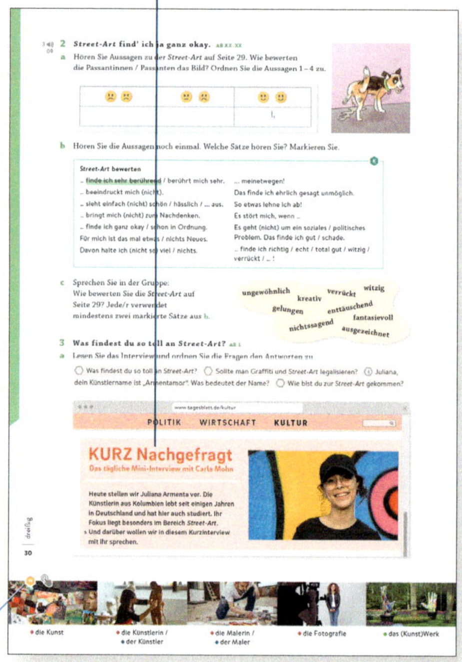

Die Lernziele jeder Lektion werden transparent dargestellt.

Die Wörter im Bildlexikon können mit zusätzlichen Übungen interaktiv weitergeübt werden.

PIKTOGRAMME UND SYMBOLE

🔊	Hörtext
▶	Film zur Lektion
👆	Erklär-Clip und / oder interaktive Übung
AB 1–3	Übung im Arbeitsbuch
💬	Hinweis auf gesprochene Sprache

⬡	Aktionsseite
	ZWISCHENSCHRITT
W	Wörter
G	Grammatik
K	Kommunikation

„Extra-Filme“ (pro Modul ein Film) vertiefen oder ergänzen die Lektionsgeschichten im Bewegtbild.

Der Grammatikstoff der Lektion wird induktiv und im Kontext eines Lese- oder Hörtextes eingeführt.

Die animierten Erklär-Clips zur Grammatik können im Kurs ebenso eingesetzt werden wie für die individuelle Vor- und Nachbereitung. Dazu gibt es eine interaktive Übung zur Vertiefung.

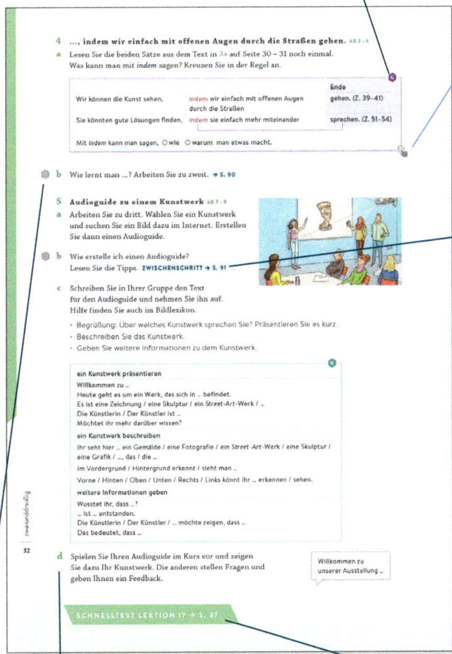

Die Rubrik **ZWISCHENSCHRITT** bietet auf den Aktionsseiten die Möglichkeit zur Binnendifferenzierung und zur Vorentlastung der Abschlussaufgaben.

In einem Schnelltest am Modulende zum Stoff der Lektion kann der Lernerfolg allein oder in Gruppen überprüft werden. Je nach Ergebnis im Schnelltest kann individuell mit erweiternden oder vertiefenden Übungen interaktiv weitergeübt werden.

Die Aufgaben der Aktionsseiten ermöglichen echte Kommunikation im Kursraum und bieten handlungsorientierte oder spielerische Aufgaben in den Bereichen Sprechen und Schreiben.

Die neuen Strukturen und Redemittel der Lektion münden in handlungsorientierte Aufgaben.

UNTERRICHTEN UND LERNEN WIE UND WO SIE WOLLEN

Ob im Kursraum, von zu Hause oder unterwegs per Tablet oder Laptop: Wir stellen Ihnen dieses Lehrwerk digital als interaktive Version zur Verfügung. Egal, ob off- oder online.

- Alle Hörtexte, Filme, Erklär-Clips zur Grammatik sowie interaktive Übungen lassen sich direkt aufrufen und im integrierten Player abspielen – ganz einfach ohne Download oder weitere Abspielgeräte.
- Die Aufgaben im Buch stehen Ihnen interaktiv mit Lösungsanzeige zur Verfügung und lassen sich direkt starten.
- Integrierte Werkzeuge wie Marker, Kommentar, Lupe und Vollbildmodus unterstützen Sie bei der Unterrichtsvorbereitung und Präsentation im Unterricht am Whiteboard oder Touchscreen.
- Mit unserer Hueber interaktiv App können Sie die interaktive Version auch offline nutzen und auf eine Vielzahl der Materialien des Lehrwerks per Smartphone zugreifen.

Übrigens: Ihren Startcode zur Aktivierung der interaktiven Version zu diesem Buch finden Sie auf der vorderen Umschlagseite unter der Landkarte.

Inhalt

Die erste Stunde im Kurs: ... oder ...?

1 Machen Sie ein Schild mit Ihrem Namen. Lesen Sie dann die Fragen. Ihre Kursleiterin / Ihr Kursleiter verteilt die Fragen im Kurs. Schreiben Sie „Ihre“ Frage auf ein Kärtchen.

Campingplatz? ODER Hotel?	Online shoppen? ODER In Geschäften shoppen?	Pünktlich? ODER Lieber 10 Minuten später?	Aufzug? ODER Treppe?	Sonnenaufgang? ODER Sonnenuntergang?
Rucksack? ODER Tasche?	Rose? ODER Pusteblume?	Hund? ODER Katze?	Im Team arbeiten? ODER Alleine arbeiten?	Nette Kolleginnen / Kollegen haben? ODER Nette Chefin? / Netten Chef haben?
Auf dem Land leben? ODER In der Stadt leben?	Süß? ODER Salzig?	Kochen? ODER Bestellen?	Regen? ODER Sonne?	Textnachricht? ODER Sprachnachricht?
Film? ODER Serie?	Konzert? ODER Sportveranstaltung?	In die Vergangenheit reisen? ODER In die Zukunft reisen?	Auf Sport verzichten? ODER Auf Schokolade verzichten?	Schreiben? ODER Zeichnen?

2 Bilden Sie ein Kugellager. Stellen Sie Ihre Frage und sprechen Sie mit Ihrer Partnerin / Ihrem Partner. Sie haben eine Minute Zeit. Sie hören ein Signal? Dann tauschen Sie die Kärtchen und gehen weiter.

Tauben, meine Lieblingstiere!

13

1 Menschen und Tauben sollten einfach Freunde sein!

a Was fällt Ihnen ein, wenn Sie an Tauben denken? Sammeln Sie und sprechen Sie im Kurs.

3 01 **b** Sehen Sie die Website an und hören Sie Nadines Beitrag. Was meint sie: Welche Vorurteile gegen Tauben gibt es (1)? Was denkt sie selbst (2)? Ergänzen Sie.

krank | schlimme | ~~intelligent~~ | Dreck | Hand | Luft | Stadtpark | Angst

1 Angeblich ...
... sind Tauben für manche Menschen „Ratten der .... (a)" und sogar Feinde.
... machen sie viel .... (b).
... haben viele Menschen .... (c), wenn sich ihnen Tauben nähern.
... übertragen sie .... (d) Krankheiten.

2 Aber Nadine ...
... findet Tauben hübsch und extrem *intelligent* (a).
... füttert schon jahrelang Tauben im .... (b). Die Tauben erkennen sie und fressen ihr aus der .... (c).
... ist noch nie .... (d) geworden.

c Kursspaziergang: Was sind die Lieblingstiere im Kurs? Machen Sie eine Kursstatistik.

LERNZIELE

HÖREN: Beitrag in sozialen Medien **LESEN:** Magazintext (online) **KOMMUNIKATION:** über Fähigkeiten sprechen: *... sind in der Lage ..., zu ...* • sagen, was man bemerkenswert findet: *Das hätte ich nie gedacht!* • ein Tier beschreiben: *... lebt in ...* • Feedback geben: *Ich habe viel Neues erfahren.* • Verständnis sichern / um Erklärung bitten: *Bedeutet das, dass ...?* **WÖRTER:** Tiere **GRAMMATIK:** zweiteilige Konnektoren: *weder ... noch, nicht nur ..., sondern auch, sowohl ... als auch* **WORTBILDUNG:** Adjektive aus Nomen + *lang*: *jahrelang*

2 Tauben haben besondere Fähigkeiten. AB 1 – 2

a Überfliegen Sie den Artikel und ergänzen Sie die Überschriften.

Beobachtung | Familienleben | Orientierung

www.tierischeswissen.de

Unglaublich, was die alles können!

„Intelligente Lebewesen"? Na ja, da kommen natürlich zuerst mal wir Menschen und danach kommt lange nix. Denken wir. Aber stimmt das auch? Lesen Sie doch mal, was Tauben alles können!

1

Meister der ……………

Tauben haben besondere Fähigkeiten. Sie sind in der Lage, UV-Licht zu sehen. Und mit ihrem speziellen Magnetsinn können sie sich perfekt am Magnetfeld der Erde orientieren. Wir Menschen können leider weder das eine noch das andere. Tauben können auch sehr schnell fliegen, mit Geschwindigkeiten von bis zu 120 km/h! Und den Weg zurück zu ihrem Nest finden sie immer, sogar aus Entfernungen von mehr als tausend Kilometern. Sie sind nämlich nicht nur schnell, sondern auch Meister im Navigieren. Die Menschen haben schon vor langer Zeit besonders schnelle und orientierungssichere Tauben trainiert. Die haben sie auf ihre Reisen mitgenommen und als „Kommunikationsmittel" genutzt. Dazu haben sie kleine leichte Briefe an den Tauben befestigt und die Tauben damit dann nach Hause fliegen lassen. Aber klar, heute, im Internet-Zeitalter, brauchen wir für unsere Kommunikation selbstverständlich keine Tauben mehr!

2

Meister der ……………

Ihre visuellen Fähigkeiten nutzen die Tauben aber nicht nur zur Orientierung, sondern auch für viele andere Zwecke. In Experimenten hat man Versuchstieren Hunderte Bilder mit verschiedenen Mustern gezeigt. Die Tauben konnten sich fast alle Muster merken und sie auch nach längerer Zeit noch genau zuordnen. Kein Wunder also, dass sie auch Menschen gut wiedererkennen und sogar männliche von weiblichen Gesichtern unterscheiden können. Und sie können erstaunlich schnell lernen, welche Emotionen diese Gesichter zeigen, ob sie fröhlich oder traurig, freundlich oder wütend aussehen.

3

Meister im ……………

Taubenpaare haben eine lebenslange feste Partnerschaft. Ihr Verhältnis ist sehr gleichberechtigt. Sie bauen ihr Nest gemeinsam und können bis zu sechsmal im Jahr Nachwuchs bekommen. Das Weibchen legt gewöhnlich zwei Eier. Um das Ausbrüten und um die Jungvögel kümmert sich dann sowohl das Männchen als auch das Weibchen. Beide können in ihrem Hals eine Art Milch produzieren, mit der sie ihre Kinder füttern.

G

lebenslang = das ganze Leben
jahrelang / wochenlang / tagelang / stundenlang / …-lang = … über viele Jahre / Wochen / Tage / Stunden / …

W

◆ die Taube

◆ die Ratte

◆ die Spinne

◆ die Eule

◆ der Tiger

◆ der Elefant

◆ die Schlang

b Arbeiten Sie zu dritt. Jede/r liest einen Abschnitt des Artikels in a und die Fragen dazu. Notieren Sie jeweils Stichpunkte.

Abschnitt 1
- a Was können Tauben sehen?
- b Woran orientieren sie sich?
- c Wie schnell sind sie und aus wie viel Kilometern Entfernung finden sie nach Hause zurück?
- d Als was hat man sie früher genutzt und was haben sie nach Hause transportiert?

Abschnitt 2
- a Was können Tauben erkennen und sich merken?
- b Was können sie unterscheiden?
- c Was erkennen sie in Gesichtern?

Abschnitt 3
- a Wie ist die Partnerschaft von Tauben?
- b Wie viele Eier legen sie pro Jahr?
- c Wie ziehen sie ihren Nachwuchs auf?
- d Wie ernähren sie die Jungvögel?

Abschnitt 2
a verschiedene Muster

+ SCHON FERTIG?
Was können Tauben noch? Recherchieren Sie und notieren Sie Stichpunkte.

c Berichten Sie den anderen in der Gruppe über Ihren Abschnitt. Sprechen Sie auch darüber, was Sie besonders bemerkenswert finden.

> Tauben sind in der Lage, verschiedene Muster zu erkennen.

> Wahnsinn!

K

über Fähigkeiten sprechen	sagen, was man bemerkenswert findet
... sind in der Lage, ... zu ...	Wahnsinn! / Wow! / Unglaublich! / Boah!
... haben besondere Fähigkeiten: ...	Besonders bemerkenswert finde ich, ...
... können erstaunlich / außerordentlich gut ...	Das hätte ich nie gedacht!

3 Sie sind nicht nur schnell, sondern auch ... AB 3–5

a Wie steht das im Text auf Seite 10? Suchen Sie die Sätze im Text und ergänzen Sie.

1 Wir Menschen können leider das eine *nicht* und das andere *auch nicht*. (Z. 5 – 6)
→ Wir Menschen können leider .... das eine .... das andere.

2 Sie sind nämlich schnell *und* Meister im Navigieren. (Z. 9 – 10)
→ Sie sind nämlich .... schnell, ... Meister im Navigieren.

3 Um die Jungvögel kümmern sich das Männchen *und* das Weibchen. (Z. 31 – 33)
→ Um die Jungvögel kümmert sich .... das Männchen .... das Weibchen.

G

negative Aufzählung	Aufzählung
weder ... noch ...	sowohl ... als auch ...
	nicht nur ..., sondern auch ...

b Enten können sowohl schnell schwimmen als auch weit fliegen. Arbeiten Sie zu zweit.
PARTNER/IN A → S. 82 PARTNER/IN B → S. 105

◆ der Delfin

◆ der Tintenfisch

◆ die Ziege

◆ die Kuh

◆ der Hirsch

◆ der Fuchs

4 Nein, ich meinte den Tintenfisch! AB 6–8

a Arbeiten Sie in Gruppen. Wählen Sie zwei Tiere aus dem Bildlexikon und notieren Sie jeweils zwei Wörter zu dem Tier.

Wasser
intelligent

schnell
schön

intelligent, hübsch, elegant, gefährlich, lustig, schnell, nützlich, langsam, frech, faul, schlau, scheußlich, dumm, wild, ...

b Die anderen raten: Welches Tier ist das? Diskutieren Sie dann in der Gruppe.

- Wasser, intelligent ... ich glaube, das ist ein Delfin. Der lebt im Meer und ist sehr intelligent!
- Nein, ich meinte den Tintenfisch!
- Was? Ein Tintenfisch ist doch nicht intelligent!
- Doch, ich habe eine Doku gesehen, die zeigt, dass Tintenfische ...

5 Eine Präsentation: Pinguine sind in der Lage, ... AB 9

a Arbeiten Sie zu zweit. Wählen Sie ein Tier, das Sie interessant finden oder das Sie besonders gern mögen. Recherchieren Sie und suchen Sie Fotos. Die Fragen helfen Ihnen dabei. Bereiten Sie dann eine Präsentation vor.

- Wo und wie lebt das Tier?
- Was für Fähigkeiten hat es?
- Was finden Sie besonders bemerkenswert?

Pinguine

b Halten Sie Ihre Präsentation. Verwenden Sie die Sätze aus dem Kasten hier und in 2c auf Seite 11. Die anderen machen sich Notizen zu den Fragen: Was verstehen Sie noch nicht? Was ist neu und interessant für Sie?

K

ein Tier beschreiben

... lebt in ...
... gibt es sehr häufig in ... / ist fast ausgestorben.
... ernährt sich von ...
... wird ca. ... Jahre alt.
Das Männchen / Das Weibchen / Die Jungtiere ...

Also, wir haben uns für Pinguine entschieden, weil wir die toll finden. Die sind so ...! Okay, zuerst möchten wir euch berichten, wo und wie Pinguine leben. Danach wollen wir ... erzählen ...

c Was hat Ihnen gut gefallen? Was fanden Sie interessant? Geben Sie ein Feedback zu der Präsentation und stellen Sie Fragen. Ihre Notizen aus b helfen Ihnen dabei.

K

Feedback geben	Verständnis sichern / um Erklärung bitten
Vielen Dank! Das war wirklich eine tolle / spannende / interessante Präsentation!	Habe ich richtig verstanden, dass ...?
Ich habe viel Neues erfahren.	Bedeutet das, dass ...?
Ich fand besonders interessant, dass ...	Darf ich noch mal nachfragen, warum / was / ...?
Für mich war neu, dass ...	Kannst du noch mal genauer erklären, warum / was / ...?
	Kannst du dafür ein Beispiel nennen?

SCHNELLTEST LEKTION 13 → S. 21

14

Hast du dich schon beworben?

Dhakiya und Claudia

3 🔊 02 **1 Das dauert nur ein paar Minuten!**

a Sehen Sie das Bild an und lesen Sie die Website. Hören Sie dann. Was ist richtig? Kreuzen Sie an.

Claudia hat eine Stelle gefunden, die sie interessiert, ...

1 ⬡ und überlegt, ob sie sich bewerben soll.
2 ⬡ und bewirbt sich gerade online.

b Hören Sie noch einmal und sortieren Sie das Gespräch.

⬡ Ja, also ... das wollt ich eigentlich gestern mal machen ... Als ich auf die Seite gegangen bin, da ist gleich so'n Chat aufgegangen.
⬡ Na, ich finde das halt irgendwie unheimlich!
⬡ Na ja, ein Bewerbungs-Chatbot halt, oder? ...
⬡1 Du, Claudia, hast du dich jetzt eigentlich schon beworben?
⬡ Hey, soll'n wir das vielleicht mal zusammen anschau'n?
⬡ Okay! Na dann mal los ...

so ein → so'n
sollen → soll'n
anschauen → anschau'n

c Hatten Sie schon mal mit einem Chatbot zu tun? Wo? Wie war das für Sie? Sprechen Sie im Kurs.

Ja, ich hab mal eine Reise gebucht und da hab ich nur mit einem Computer gechattet. Er hat aber nicht immer alles verstanden, das war total nervig!

LERNZIELE

HÖREN: Alltagsgespräch zum Thema Chatbot bei Bewerbungen **LESEN:** Interview mit einem Experten **SCHREIBEN:** Drehbuch (Bewerbungsvideo) **KOMMUNIKATION:** sagen, warum man für eine Firma arbeiten möchte: *Im Internet habe ich gesehen, dass ...* • über Kenntnisse und Fähigkeiten sprechen: *Außerdem bin ich sehr ...* • eine Bewerbung abschließen: *Vielen Dank für Ihre Aufmerksamkeit.* **WÖRTER:** Bewerbung **GRAMMATIK:** Relativsätze mit *was* und *wo*

2 Zuerst sieht man eine interessante Stellenanzeige, … AB 1

Was muss man wann machen, um eine neue Arbeit zu finden? Was meinen Sie? Sortieren Sie die Wörter aus dem Bildlexikon und notieren Sie „Ihre“ Reihenfolge. Vergleichen Sie dann zu dritt.

1 Stellenanzeige
2 Recherche
3 …

- Zuerst sieht man eine interessante Stellenanzeige, und dann …
- Genau. Dann würde ich mich über die Firma informieren, also: Recherche.
- Ah? Ich würde zuerst den Lebenslauf schreiben. …

3 Fragen an … AB 2

a Lesen Sie Frage 1 des Interviews. Würden Sie die Frage mit „Ja“ oder mit „Nein“ beantworten? Lesen Sie dann die Antwort und markieren Sie.

Also, ich glaube nicht, dass Chatbots Standard sind, für kleine Unternehmen ist das bestimmt zu teuer.

www.chatbots-bewerbung.de

ARTIKEL *INTERVIEW* KOMMENTARE

Wir hätten da mal ein paar Fragen an den Personalexperten Markus Preuss

1 Chatbots im Bewerbungsverfahren – ist das Standard?
So allgemein würde ich das nicht sagen. Das hängt von mehreren Faktoren ab: von der Branche, vom Unternehmen, wo ich mich bewerbe, oder auch vom Land. In Deutschland, wo der Datenschutz sehr wichtig ist, sind Chatbots z. B. später angekommen als in Asien oder in den USA. Man kann aber sagen: Bei der Bewerbung einem Chatbot zu begegnen – das ist nichts, was jemanden noch überraschen sollte.

Markus Preuss, Personalexperte

b Lesen Sie nun die Fragen 2 – 4 mit den Antworten. Arbeiten Sie zu dritt und machen Sie Notizen. Erzählen und vergleichen Sie dann in der Gruppe.

2 Funktionen?
- auf Jobangebote hinweisen
- …

2 Was machen Chatbots im Bewerbungsverfahren eigentlich?
Es gibt unterschiedliche Funktionen: Sie können Menschen, die Arbeit suchen, auf geeignete Jobangebote hinweisen. Sie können Nachfragen zu einer Stellenanzeige beantworten. Sie können Bewerber:innen durch die Online-Bewerbung leiten, Angaben und Unterlagen von ihnen abfragen oder sogar Qualifikationen testen …

3 Was sind die Vorteile?
Überall, wo man immer wieder dieselben Fragen stellt oder ähnliche Angaben macht, ist automatisierte Kommunikation sehr erfolgreich. Das spart menschliche Arbeitszeit und geht schneller, denn Chatbots reagieren 24/7, also immer. Chatten – das tun wir auch im Alltag, das ist gewohnt und sympathisch. Und es ist einfach bequemer, wenn ich keine FAQs durchlesen oder allein mit Formularen kämpfen muss.

4 Gibt es auch Probleme?
Na ja, Chatbots können unterschiedlich „intelligent“ sein. Manche sind einfach nur ein automatisches Dialogsystem: Dann können sie mit Standardsituationen umgehen, also z. B. übliche Fragen beantworten. Alles, was so ein Chatbot nicht „erwartet“, bringt ihn schnell an seine Grenzen. Das kann für den Menschen auf der anderen Seite natürlich frustrierend sein …

◆ das Anschreiben

◆ die Probezeit

◆ die Stellenanzeige

◆ das Vorstellungsgespräch

c Lesen Sie nun die Fragen 5 und 6 mit den Antworten. Was ist richtig? Kreuzen Sie an.

1 ◯ Es kann sein, dass Bewerbungen nur noch von Computern gelesen werden.
2 ◯ Unterlagen für Chatbots sollten nicht komplizierter sein als für Personalabteilungen.
3 ◯ Bei Bewerbungen ist immer noch wichtig, wie perfekt das Anschreiben ist.

5 Müssen Bewerber:innen in ihrer Kommunikation etwas ändern?
Wenn man sich heute bewirbt, muss man wissen, dass die Bewerbung vielleicht nicht nur von einem Menschen gelesen wird. Das bedeutet, man sollte seine Unterlagen so aufbauen, dass auch ein Computerprogramm damit zurechtkommt. Für den Lebenslauf heißt das z. B.: eine klare Struktur, nicht zu kompliziert. Aber das ist ja eigentlich auch das, was in der Personalabteilung meistens gut ankommt.

6 Schreiben intelligente Textprogramme in Zukunft vielleicht sogar unsere Bewerbungen?
„Jetzt fällt gleich das perfekte Anschreiben vom Himmel!" Das ist etwas, was sich viele schon einmal gewünscht haben. Ob diesen Service ein Freund oder ein Coach oder irgendein Programm übernimmt, ist eigentlich egal. Unternehmen nutzen ja auch andere Methoden, um die Kenntnisse und die tatsächlichen Fähigkeiten von Bewerber:innen zu prüfen, z. B. das Vorstellungsgespräch, Videobewerbungen oder die Probezeit …

d Welche Antworten haben Sie überrascht? Was war neu für Sie? Wie sind Ihre Erfahrungen? Sprechen Sie im Kurs.

> Überrascht hat mich, dass man dem Chatbot auch Fragen stellen kann!

4 In Deutschland, wo der Datenschutz wichtig ist, … AB 3–6

a Suchen Sie die Sätze in den Texten in 3 und ergänzen Sie *was* oder *wo*.

G

In Deutschland, wo der Datenschutz sehr wichtig ist, … (Z. 6 – 7)
… nichts, …… jemanden noch überraschen sollte. (Z. 7 – 8)
Überall, …… man immer wieder dieselben Fragen stellt, … (Z. 15 – 16)
Alles, …… so ein Chatbot nicht „erwartet", … (Z. 23)
… das, …… in der Personalabteilung meistens gut ankommt. (Z. 29 – 30)
… etwas, …… sich viele schon einmal gewünscht haben. (Z. 32 – 33)

b Lesen Sie die Sätze in a noch einmal und ergänzen Sie die Tabelle.

G

Relativsätze mit *was* stehen nach: *vieles*, ……, ……, ……, …… .
Relativsätze mit *wo* stehen nach: *da*, *dort*, …… und nach Orten / Ländern:
Berlin, …… .

c Vier gewinnt! Im Job-Center. Arbeiten Sie zu zweit. → S. 83

5 Ich möchte in einem Unternehmen arbeiten, wo …

Schreiben Sie die Sätze zu Ende. Machen Sie dann ein Kugellager und sprechen Sie über Ihre Wünsche.

1 Ich möchte in einem Unternehmen arbeiten, wo …
2 Ich möchte etwas machen, was …
3 Ich möchte nichts machen, was …
4 Ich kann überall arbeiten, wo …

◆ die Recherche

◆ die Unterlagen

◆ der (tabellarische) Lebenslauf

◆ die Zusage / ◆ die Absage

6 Film ab!

a Ein Bewerbungsvideo. Was meinen Sie? Was ist wichtig? Was muss man beachten? Sammeln Sie zu dritt.

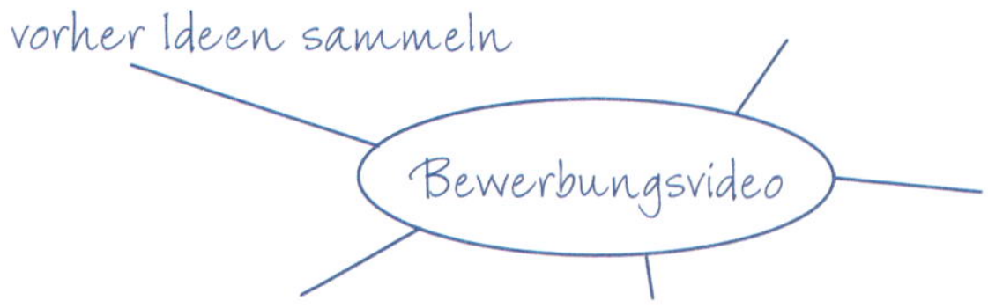

b Lesen Sie die Tipps für ein Bewerbungsvideo und vergleichen Sie mit Ihren Notizen aus a.

www.deinekarriere.de/Bewerbungsvideo

Sich mit Video bewerben – so geht's!

Bewerbungsvideos werden immer beliebter, sie sind ein Plus, das deine Bewerbungsunterlagen ergänzt und besonders macht: Sie vermitteln nämlich einen persönlichen Eindruck und zeigen Engagement. Doch wie macht man ein gutes Video? Diese Tipps helfen dir!

- √ Schreib ein Drehbuch! Wie ein Film hat auch ein Bewerbungsvideo eine Struktur. Mach auch Notizen zu den wichtigsten Fragen: Wer bist du? Warum möchtest du für dieses Unternehmen arbeiten? Was kannst du besonders gut? Warum bist gerade du perfekt für die Stelle?
- √ Nicht vorlesen, sprich frei! Das wirkt natürlicher und sympathischer.
- √ Sprich nicht zu lange! Dein Video sollte nur ca. zwei Minuten dauern.
- √ Auch die Technik ist wichtig! Achte auf gutes Licht und klaren Ton!
- √ Hol dir Feedback von deinen Freund:innen oder deiner Familie. So kannst du dein Video besser machen.

Frei Sprechen finde ich auch total wichtig, daran habe ich gar nicht gedacht.

Ja, das stimmt! Sonst wirkt es nicht natürlich.

7 Deshalb bin ich perfekt für diese Stelle! AB 7

a Ein Drehbuch für ein Bewerbungsvideo schreiben. Arbeiten Sie zu zweit. → S. 84

b Machen Sie Notizen für Ihr Bewerbungsvideo. Markieren Sie die Sätze im Kasten, die Sie verwenden möchten.

K

sagen, warum man für eine Firma arbeiten möchte	über Kenntnisse und Fähigkeiten sprechen
In Ihrer Firma möchte ich gern meine Fähigkeiten weiterentwickeln.	Ich habe schon bei einigen Praktika Erfahrungen gesammelt.
Im Internet habe ich gesehen, dass ...	Außerdem bin ich sehr ...
Ich bin davon überzeugt, dass ich gut in Ihr Unternehmen passe.	Es fällt mir selbstverständlich leicht, ...
Sehr gern würde ich meine Kenntnisse und Fähigkeiten in Ihr Team einbringen.	In meiner Freizeit beschäftige ich mich gern mit ...
	Es macht mir große Freude, ...
	Ich bin für jede neue Herausforderung offen.

eine Bewerbung abschließen

Vielen Dank für Ihre Aufmerksamkeit.
Ich freue mich (darauf), Sie bei einem Vorstellungsgespräch persönlich kennenzulernen.

c Üben Sie zu zweit und nehmen Sie sich dann gegenseitig mit dem Handy auf. Geben Sie ein Feedback: Was war gut? Was kann man besser machen?

d Sehen Sie die Videos im Kurs an. Wer kann mit seinem Video überzeugen? Wer bekommt den Job? Wählen Sie eine Person für jede Stellenanzeige aus 7a auf Seite 85.

SCHNELLTEST LEKTION 14 → S. 21

15

Perfekte Partnerschaft!?

1 Krimi oder Komödie?

Sprechen Sie in der Gruppe: Welche Filmgenres sehen Sie am liebsten? Und warum? Sammeln Sie dann im Kurs: Was sind die beliebtesten Filmgenres?

◆ Komödie ◆ Tragödie ◆ Doku(mentation) ◆ Krimi ◆ Liebesfilm ◆ Animationsfilm ◆ Actionfilm ◆ Science-Fiction ◆ Western ◆ Drama ◆ Familienfilm …

Ich sehe mir am liebsten Krimis und Actionfilme an. Für mich ist es wichtig, dass Filme richtig spannend sind. Dokus sind allerdings nicht so mein Ding.

- Actionfilm ||||
- Liebesfilm |||
- …

2 Filmplakat

Sehen Sie das Filmplakat an. Was meinen Sie: Um was für ein Filmgenre handelt es sich? Worum könnte es in dem Film gehen? Sprechen Sie im Kurs.

Warum sieht man den Mann in einer endlosen Reihe? Das finde ich ein bisschen merkwürdig. Was bedeutet das wohl?

Der Filmtitel lautet „Ich bin dein Mensch". Vielleicht …

LERNZIELE

LESEN: Ankündigung Film-Podcast **HÖREN:** Film-Podcast **SCHREIBEN:** Filmtipp, Konkrete Poesie, Brief an eine Filmfigur **KOMMUNIKATION:** über Filmgenres und Filme sprechen / einen Film bewerten: *Der Film spielt in der Zeit von …* • einen Brief schreiben: *Ich habe so einen Respekt vor …* **WÖRTER:** Liebe **GRAMMATIK:** Verb *lassen*: *Ihr Aussehen lassen wir individuell nach unseren Wünschen gestalten.*

3 „Sehenswert!“ Folge 47 AB 1

Lesen Sie die Ankündigung zum Podcast und vergleichen Sie mit Ihren Vermutungen aus 2.

Folge 47: „Ich bin dein Mensch“ (von Maria Schrader)

Superintelligente humanoide Roboter, die nicht nur wie echte Menschen aussehen, sondern sich auch körperlich so anfühlen? Die gibt es vielleicht wirklich bald. Und warum auch nicht? Sie könnten doch ideale Lebenspartner*innen für uns Menschen werden. Ihr Aussehen lassen wir individuell nach unseren Wünschen gestalten. Und ihre Software lassen wir natürlich so programmieren, dass wir unsere Robots so richtig lieb haben können! Klingt irgendwie gruselig? Mag sein, aber genau um diese Fragen geht es in Maria Schraders kritischem und zugleich sehr humorvollem Film.

> Ach, der Mann auf dem Plakat ist wahrscheinlich ein ... Darüber haben wir gar nicht nachgedacht.

4 Wir lassen ... programmieren. AB 2

a Lesen Sie die Sätze. Was bedeutet *lassen*? Kreuzen Sie dann an.

1 Ihr Aussehen lassen wir individuell nach unseren Wünschen gestalten.
- a ○ Wir machen das selbst.
- b ○ Jemand anderes macht das für uns.

2 Ihre Software lassen wir natürlich so programmieren.
- a ○ Wir programmieren ihre Software selbst.
- b ○ Wir geben jemandem den Auftrag, die Software zu programmieren.

G

	Position 2		Ende
Ihr Aussehen	lassen	wir individuell nach unseren Wünschen	gestalten.

b Ein Tag mit Robot Erwin. Arbeiten Sie zu zweit. → S. 86

5 Und gleich beginnt Folge 47 ...

a Sehen Sie den Trailer an. Würden Sie sich den Film gern ansehen? Warum (nicht)? Sprechen Sie mit Ihrer Partnerin / Ihrem Partner.

> Mich interessiert der Film. Aber ich habe den Eindruck, dass ...

Extra

Film

W

daten

flirten

sich in jemanden verlieben

nach etwas / jemandem Sehnsucht haben

jemanden / sich umarmen

jemanden / sich küssen

3 03 **b** Hören Sie nun Teil 1 des Podcasts „Sehenswert!“ und schreiben Sie die Sätze zu Ende.

1 Pia und Mark sprechen über Filme, die ...
2 Sowohl in einem Song von Leonard Cohen als auch im Film „Ich bin dein Mensch“ geht es um einen Mann, der ...

c Welchen Film würden Sie in diesem Podcast vorstellen und warum? Sprechen Sie im Kurs.

> Ich würde auf jeden Fall „Monobloc“ von Hauke Wendler vorstellen. Das ist eine wahnsinnig interessante Doku. Da geht es um ...

3 04 6 Mein Algorithmus ist darauf ausgerichtet, dich glücklich zu machen.

a Arbeiten Sie zu viert. Hören Sie Teil 2 des Podcasts. Ein Paar notiert die Antworten zu A, das andere Paar zu B.

A
1 Wo und wann spielt der Film?
2 Was wissen Sie über die Hauptpersonen?
3 Wie sind die humanoiden Roboter?
4 Wer hat die humanoiden Roboter entwickelt? Und für wen?

B
1 Warum soll Alma mit Tom zusammenleben?
2 Wie lange soll Tom bei Alma bleiben?
3 Wo soll Tom schlafen?
4 Was macht Tom am ersten Morgen? Und wie findet Alma das?

A 1 ...
2 Alma, Wissenschaftlerin, ...
3 ...
4 eine High-Tec Firma ...

B 1 Testperson, soll Gutachten schreiben
2 ...

b Tauschen Sie Ihre Notizen mit dem anderen Paar und hören Sie noch einmal. Ergänzen Sie dann die Notizen.

3 05 7 Viele spannende Fragen über unsere Zukunft AB 3

a Hören Sie Teil 3 des Podcasts. Was finden Pia und Mark an dem Film gut? Markieren Sie.

die Darstellung von Liebesbeziehungen | das Drehbuch | die Roboter | die Regie | die Zukunft | die Darstellerinnen und Darsteller | die Fragen, um die es in dem Film geht | die Dialoge

b Hören Sie noch einmal und ergänzen Sie die Zusammenfassung.

Pia und Mark fragen sich, ob .... (1) und humanoide Roboter irgendwann nicht nur zusammen arbeiten, sondern auch zusammen .... (2). Könnte es sogar .... (3) geben? Marc meint, dass sich nur Personen .... (4) können, die sich frei entscheiden können. .... (5) können das nicht, weil sie programmiert sind. Pia denkt, dass die Roboter von .... (6) vielleicht schon ganz anders sind.

c Gedanken zum Thema „Liebe“. Arbeiten Sie in Gruppen. → S. 87

etwas / jemanden lieb haben

jemanden glücklich machen

etwas / jemanden lieben

◆ die Lebenspartnerin / ◆ der Lebenspartner

◆ die Liebesbeziehung

◆ die Liebesgeschichte

8 Textgalerie AB 4–8

a Was für Texte möchten Sie schreiben? Wählen Sie mindestens eine Textsorte (1–3).

1 Der schönste Liebesfilm

Schreiben Sie einen kurzen Filmtipp zu Ihrem Lieblings-Liebesfilm (80–100 Wörter). Worum geht es in dem Film? Warum finden Sie den Film so toll?

MEIN FILMTIPP:

„CASABLANCA" VON MICHAEL CURTIZ

In diesem Film aus dem Jahr 1942 geht es um Rick Blaine, den Besitzer eines Cafés in Casablanca. Der Film spielt in der Zeit des Zweiten Weltkriegs. Rick trifft ...
Ich habe den Film dreimal gesehen, weil ....
Am Ende musste ich jedoch weinen, weil ...

K

- In diesem Film aus dem Jahr ... geht es um ...
- Der Film spielt in der Zeit von / des / der ...
- Die beiden lernen sich in ... / bei ... / ... kennen.
- Es ist Liebe auf den ersten Blick. / Zuerst gibt es eine Krise, weil ...
- Sie verlieben sich unsterblich, aber dann haben sie einen Streit / ...
- Der Film ist fantastisch / ..., weil / denn ...
- Ich habe den Film zwei- / drei- / ...mal gesehen, weil ...
- Ich musste weinen, weil ...

2 Konkrete Poesie

Zeichnen Sie ein Herz und füllen Sie es mit Ihren Wörtern oder Gedanken zum Thema „Liebe". Hilfe finden Sie im Bildlexikon.

3 Ein kurzer Brief an eine Filmfigur

Schreiben Sie einer Filmfigur, die Sie besonders mögen, einen kurzen Brief. Schreiben Sie, warum Sie diese Figur so toll finden.

Lieber Tom,
für mich bist du der netteste Mensch?!?, den ich mir vorstellen kann. Du beeindruckst mich, weil du so weise bist und weil du dich immer um Alma bemühst.
Du bist ...!
Wie schade, dass du ein Roboter bist!
Deine Amira

K

- Ich habe so einen Respekt vor ...
- Du bist einzigartig, weil ...
- Du bist so ein warmherziger / intelligenter / ... Mensch, weil ...
- Du beeindruckst mich, weil ...
- Du bist der netteste / klügste / ... Mensch, den ich mir vorstellen kann.
- Bleib, wie du bist!

b Welche/n Ihrer Texte finden Sie am besten? Hängen Sie ihn / sie auf. Machen Sie dann einen Kursspaziergang.

> Schau mal, Ernesto schreibt etwas über „Wednesday" von Tim Burton. Das ist wirklich eine tolle Serie, das finde ich auch.

> Amiras Brief ist aber nett. In Tom aus „Ich bin dein Mensch" kann man sich wirklich verlieben!

SCHNELLTEST LEKTION 15 → S. 22 Magazin Lektion 13, 14, 15 → S. 74

LEKTION 13

W Welche zwei Tiere passen jeweils? Ordnen Sie zu.

Delfin | Elefant | Taube | Kuh | Tintenfisch | Eule | Tiger | ~~Ziege~~

a geben Milch: Ziege, ...
b können fliegen: ...., ...
c leben in Afrika und Asien: ...., ...
d leben im Meer: ...., ...

.... / 7 Punkte
☺ 4 – 7 Punkte
☹ 0 – 3 Punkte

G Schreiben Sie Sätze:

– / – = weder ... noch, + / ++ = nicht nur ..., sondern auch, + / + = sowohl ... als auch

a In unserem Garten: – Ratten / – Mäuse (geben)
b Im Ozean: + Delfine / + Tintenfische (leben)
c Tauben: + intelligent / ++ schnell (sein)
d Elefanten: + von Gras / + von Früchten (sich ernähren)
e Meine Katze: + faul / ++ ziemlich langsam (sein)
f Ich: - Hunde / - Katzen (mögen)

a In unserem Garten gibt es weder ...

.... / 6 Punkte
☺ 4 – 6 Punkte
☹ 0 – 3 Punkte

K Verbinden Sie.

1 Habe ich
2 Kannst du dafür
3 Ich fand besonders
4 Das war
5 Kannst du noch mal
6 Ich habe

a viel Neues erfahren.
b eine spannende Präsentation.
c ein Beispiel nennen?
d genauer erklären, warum ...?
e interessant, dass ...
f richtig verstanden, dass ...

.... / 5 Punkte
☺ 3 – 5 Punkte
☹ 0 – 2 Punkte

LEKTION 14

W Rund um das Thema Bewerbung. Verbinden Sie.

1 Unterlagen
2 Nachfragen
3 Fähigkeiten
4 auf Jobangebote
5 eine Zusage

a hinweisen
b geben
c abfragen
d prüfen
e beantworten

.... / 4 Punkte
☺ 3 – 4 Punkte
☹ 0 – 2 Punkte

G Tipps für die Online-Bewerbung. *Was* oder *wo*? Kreuzen Sie an.

a Alles, ☒ was ○ wo du für eine Online-Bewerbung brauchst, ist ein Computer und Internet.
b Du solltest die Firma, ○ was ○ wo du dich bewirbst, gut kennen.
c Mach dir Notizen und sag das, ○ was ○ wo dir wichtig ist, zuerst.
d Etwas, ○ was ○ wo sicher gut ankommt, ist ein Bewerbungsvideo.
e Überall dort, ○ was ○ wo man mit digitalen Medien arbeitet, ist ein Bewerbungsvideo ein Plus.

.... / 4 Punkte
☺ 3 – 4 Punkte
☹ 0 – 2 Punkte

LÖSUNGEN → S. 109

Das perfekte Anschreiben

Lesen Sie den Text und korrigieren Sie die markierten Informationen.

Guten Tag,

ich möchte mich bei Ihnen als Mediendesignerin bewerben. Ich habe Medienwissenschaft studiert und auch schon bei einigen Praktika ~~Fähigkeiten~~ Erfahrungen (a) gesammelt. Es macht mir große Lust .... (b), mit Videos zu arbeiten, und weil ich im Fernsehen .... (c) gesehen habe, dass Erfahrung mit Videos für die Stelle wichtig ist, bin ich davon überzeugt, dass ich gut in Ihr Leben .... (d) passe. In meiner Freizeit treffe .... (e) ich mich gern mit Fotografie. Sehr gern würde ich auch diese Unterlagen .... (f) in Ihr Team einbringen. Ich freue mich darauf, Sie bei einem Abendessen .... (g) persönlich kennenzulernen.

Mit freundlichen Grüßen
Jana Pfeifer

...... / 6 Punkte
😊 4 – 6 Punkte
😐 0 – 3 Punkte

LEKTION 15

Ergänzen Sie die Liebesbriefe.

a Du bist jetzt schon seit 50 Jahren meine L e b e n s partner i n. Was für ein Glück, dass ich mich damals in dich ... ... liebt habe!

b Nun bist du schon so lange unterwegs. Ich habe so große Sehn ... ... t nach dir!

c Als wir uns das erste Mal um ... ... t und gekü ... ... haben, wusste ich: Ich l ... ... dich so sehr!

d Egal, mit wem ich fl ... ... oder wen ich da ... ... – ich denke immer nur an dich!

e Du und ich! Die schönste L ... ... geschichte der Welt!

...... / 8 Punkte
😊 5 – 8 Punkte
😐 0 – 4 Punkte

Was lassen Sie Ihren Roboter heute machen?

Schreiben Sie Sätze.

a Heute ... (die Wohnung aufräumen)
b Danach ... (mein Fahrrad putzen)
c Und dann ... (ein Date organisieren)
d Zum Schluss ... (einen Liebesbrief schreiben)

a Heute lasse ich meinen Roboter ...

...... / 4 Punkte
😊 3 – 4 Punkte
😐 0 – 2 Punkte

Der Film „Ich bin dein Mensch". Ordnen Sie zu.

⬡ den sie sich vorstellen kann ⬡ auf den ersten Blick ⬡ Es geht um ⬡ Respekt vor ⬡ spielt in ⬡ verliebt Alma sich

Der Film „Ich bin dein Mensch" (1) der nahen Zukunft. (2) die Wissenschaftlerin Alma, die den humanoiden Roboter Tom testen soll. Es ist nicht Liebe (3), im Gegenteil: Alma hat große Zweifel und kann keinen (4) einem nicht-menschlichen Partner haben. Aber am Ende (5) tatsächlich in Tom, denn er ist der klügste und netteste „Mensch", (6).

...... / 6 Punkte
😊 4 – 6 Punkte
😐 0 – 3 Punkte

LÖSUNGEN → S. 109

Verben

Verb *lassen* L15

Ihr Aussehen	lassen	wir individuell nach unseren Wünschen	gestalten.		= etwas nicht selbst machen / etwas in Auftrag geben
Ihre Software	lassen	wir natürlich so	programmieren,	dass …	

Sätze und Satzverbindungen

Zweiteilige Konnektoren: *weder … noch, nicht nur …, sondern auch, sowohl … als auch* L13

negative Aufzählung		
Wir Menschen können leider	weder das eine	noch das andere.
Aufzählung		
Sie sind nämlich	nicht nur schnell,	sondern auch Meister im Navigieren.
Um die Jungvögel kümmert sich	sowohl das Männchen	als auch das Weibchen.

Relativsätze mit *was* und *wo* L14

Hauptsatz	**Nebensatz**		**Hauptsatz**
		Ende	
Alles,	was so ein Chatbot nicht	„erwartet“,	bringt ihn schnell an seine Grenzen.
Das ist etwas,	was sich viele schon einmal	gewünscht haben.	

= Relativsätze mit *was* stehen nach: *vieles, nichts, alles, das, etwas*

Hauptsatz	**Nebensatz**		**Hauptsatz**
		Ende	
In Deutschland,	wo der Datenschutz sehr wichtig	ist,	sind Chatbots z. B. später angekommen.
Überall,	wo man immer wieder dieselben Fragen	stellt,	ist automatisierte Kommunikation sehr erfolgreich.

= Relativsätze mit *wo* stehen nach: *da, dort, überall* und nach Orten / Ländern: *Berlin, Deutschland*

Wortbildung

Adjektive aus Nomen + *lang* L13

Nomen + lang →	**Adjektiv**	
das Leben →	lebenslang	= das ganze Leben
auch so: jahrelang / wochenlang / tagelang / stundenlang / … -lang		= über viele Jahre / Wochen / Tage / Stunden / …

K

über Fähigkeiten sprechen L13

... sind in der Lage, ... zu ...
... haben besondere Fähigkeiten: ...
... können erstaunlich / außerordentlich gut ...

sagen, was man bemerkenswert findet L13

Wahnsinn! / Wow! / Unglaublich! / Boah!
Besonders bemerkenswert finde ich, ...
Das hätte ich nie gedacht!

ein Tier beschreiben L13

... lebt in ...
... gibt es sehr häufig in ... / ist fast ausgestorben.
... ernährt sich von ...
... wird ca. ... Jahre alt.
Das Männchen / Das Weibchen / Die Jungtiere ...

Feedback geben L13

Vielen Dank! Das war wirklich eine tolle / spannende / interessante Präsentation!

Ich habe viel Neues erfahren.

Ich fand besonders interessant, dass ...

Für mich war neu, dass ...

Verständnis sichern / um Erklärung bitten L13

Habe ich richtig verstanden, dass ...?
Bedeutet das, dass ...?
Darf ich noch mal nachfragen, warum / was / ...?
Kannst du noch mal genauer erklären, warum / was / ...?
Kannst du dafür ein Beispiel nennen?

sagen, warum man für eine Firma arbeiten möchte L14

In Ihrer Firma möchte ich gern meine Fähigkeiten weiterentwickeln.

Im Internet habe ich gesehen, dass ...

Ich bin davon überzeugt, dass ich gut in Ihr Unternehmen passe.

Sehr gern würde ich meine Kenntnisse und Fähigkeiten in Ihr Team einbringen.

über Kenntnisse und Fähigkeiten sprechen L14

Ich habe schon bei einigen Praktika Erfahrungen gesammelt.
Außerdem bin ich sehr ...
Es fällt mir selbstverständlich leicht, ...
In meiner Freizeit beschäftige ich mich gern mit ...
Es macht mir große Freude, ...
Ich bin für jede neue Herausforderung offen.

eine Bewerbung abschließen L14

Vielen Dank für Ihre Aufmerksamkeit.
Ich freue mich (darauf), Sie bei einem Vorstellungsgespräch persönlich kennenzulernen.

über Filmgenres und Filme sprechen / einen Film bewerten L15

In diesem Film aus dem Jahr ... geht es um ...
Der Film spielt in der Zeit von / des / der ...
Die beiden lernen sich in ... / bei ... / ... kennen.
Es ist Liebe auf den ersten Blick. / Zuerst gibt es eine Krise, weil ...
Sie verlieben sich unsterblich, aber dann haben sie einen Streit / ...

Der Film ist fantastisch / ..., weil / denn ...

Ich habe den Film zwei- / drei- / ...mal gesehen, weil ...

Ich musste weinen, weil ...

einen Brief schreiben L15

Ich habe so einen Respekt vor ...
Du bist einzigartig, weil ...
Du bist so ein warmherziger / intelligenter / ... Mensch, weil ...
Du beeindruckst mich, weil ...
Du bist der netteste / klügste / ... Mensch, den ich mir vorstellen kann.
Bleib, wie du bist!

16

Zwar nervig, aber wichtig

Kalan

1 Hallo und herzlich willkommen …

3 🔊 06 **a** Sehen Sie das Bild an und hören Sie, was Kalan am Telefon sagt.
Was ist richtig? Kreuzen Sie an.

○ Er ruft einen Freund an. ○ Er hat einen Notfall. ○ Er möchte ein Konto eröffnen.

3 🔊 07 **b** Hören Sie nun das ganze Telefonat und verbinden Sie.

1 Wenn es nicht um Überweisungen, Online-Banking oder Wertpapieraufträge geht,
2 Damit man weniger lang warten muss,
3 Montag bis Freitag zwischen 8:00 und 18:00
4 Für mehr Informationen
5 Um die Kreditkarte sperren zu lassen,
6 In dringenden Notfällen

a muss man die Nummer 116 116, aus dem Ausland mit der Vorwahl 0049, anrufen.
b kann man auf der Website nachschauen.
c soll man „0" drücken.
d hilft der Notdienst weiter.
e hat die Bank geöffnet.
f soll man seine EC-Karte vorbereiten.

c Wie kommunizieren Sie mit Ihrer Bank? Wie erledigen Sie Ihre Bankgeschäfte?
Sprechen Sie mit Ihrer Partnerin / Ihrem Partner.

> Ich erledige meine Bankgeschäfte fast nur noch online.

> Ich eigentlich auch. Aber manchmal brauche ich Beratung, dann rufe ich an oder gehe persönlich an den Schalter.

LERNZIELE

HÖREN: Automatischer Kundenservice einer Bank, Sprachnachrichten **LESEN:** privater Chat **SCHREIBEN:** Chatnachricht **KOMMUNIKATION:** Alternativen nennen und bewerten: *Entweder … oder …* • eine Aussage relativieren: *Soviel ich weiß, …* • auf andere Quellen verweisen: *Bei … bekommt man Infos zu …* • weitere Hilfe anbieten: *Wenn du noch Fragen hast, melde dich einfach!* **WÖRTER:** Banken und Geld **GRAMMATIK:** zweiteilige Konnektoren: *je … desto / umso* + Komparativ, *entweder … oder, zwar … aber*

2 Zahlenrätsel AB 1–2

a Ergänzen Sie die Fragen mit Wörtern aus dem Bildlexikon. Es gibt mehrere Möglichkeiten. Notieren Sie dann Ihre Antworten in Zahlen. Sie können auch Antworten erfinden.

1 Wie viele Male pro Monat hebst du am ... Geld ab? *Schalter / Geldautomaten*
2 Welchen Wert haben alle ... in deinem Geldbeutel zusammen?
3 Was sind die letzten drei Zahlen der Nummer deiner / deines ... ?
4 Wie viele ... hast du?

b Machen Sie einen Kursspaziergang. Nennen Sie eine Zahl. Ihre Partnerin / Ihr Partner rät die passende Frage aus a.

15!

Welchen Wert haben alle Scheine in deinem Geldbeutel zusammen?

Falsch!

3 Ich bin im Organisationsstress! AB 3

a Überfliegen Sie den Chat hier und auf Seite 27. Welche Fragen hat Kalan? Markieren Sie.

Elisa

Monday

1 Hallo Elisa! Wie geht's dir? Ich bin im Organisationsstress: Am 1. März fängt schon mein Arbeitsvertrag an der Uni Siegen an! Ich muss noch ein Konto (Girokonto) in Deutschland eröffnen. Die Gebühren unterscheiden sich stark, oder? Kannst du mir vielleicht eine Bank empfehlen? ... Je billiger, umso besser ... 😅 20:47

Tuesday

2 Kalan! Schön, von dir zu hören! 00:32

3 Zu deiner Frage: Ich bin jetzt nicht gerade eine Expertin auf dem Gebiet Banken. 😅 Aber grundsätzlich gibt's zwei Alternativen: Entweder nimmst du eine „echte" Bank (mit Filiale in Siegen) oder eine Direktbank (alles online oder per Telefon). Die Online-Banken sind zwar meistens günstiger, aber dafür unpersönlicher: Da kannst du halt nicht einfach mal schnell an den Schalter gehen und nachfragen ... 00:32

4 Lieber nicht! Ich hab nicht so gute Erfahrungen mit Telefon-Hotlines von Banken gemacht ... 😬 00:45

5 ▶ 00:58 07:04

6 Danke für den Hinweis!! „Nachhaltige Bank"? 😅 Aber woher weiß ich, welche wirklich nachhaltig ist? 08:09

Je billiger die Bank ist, umso besser ist es für mich.
→ Je billiger, umso besser.

◆ das Bargeld ◆ die Münzen ◆ die Scheine ◆ der Geldautomat ◆ die EC-Karte ◆ die Kreditkarte ◆ die BIC

7 Entweder investierst du viel Zeit und liest selbst ganz genau die Beschreibungen der Banken oder du vertraust den Experten. Du kannst zum Beispiel mal bei den Verbraucherzentralen schauen – da findet man auch viele Infos zu Banken und Versicherungen ... die sind unabhängig! Ich glaub, da gibt's auch was zu nachhaltigen Banken ... 11:38

8 Eine Empfehlung wäre super! 🙁 Je mehr man recherchiert, desto schwieriger wird die Entscheidung ... 12:13

9 Ich schau nach und schick dir nen Link! Wenn du noch Fragen hast, meld dich einfach! 12:20

10 Elisa, sorry, wenn ich noch mal störe, aber ich habe noch eine wichtige Frage: Muss ich eigentlich eine Krankenversicherung abschließen? 22:23

Wednesday

11 Nein, wenn du angestellt bist, geht das automatisch: Dein Arbeitgeber (also die Uni) meldet dich bei der Sozialversicherung an. Da ist alles dabei: Krankheit, Arbeitsunfall, Rente. 00:39

12 Aber: Du brauchst auf alle Fälle ne Haftpflichtversicherung! Die zahlt, wenn du irgendeinen Schaden verursacht hast. Das passiert zwar selten, aber es kann sehr teuer werden! 00:41

13 Haftpflichtversicherung? Schaden verursachen??? 00:50

14 ▶ 00:57 00:56

15 🙁 Ich hoffe, die Verbraucherzentrale kennt sich auch mit Versicherungen aus. 😉 01:03

b Lesen Sie die Antworten von Elisa in **a** und ergänzen Sie Kalans Notizen.

Bank	Versicherung
-> „echte" Bank	-> Sozialversicherung: ...
-> Online-Bank ☺ ... ☹ ...	-> Haftpflichtversicherung: ...
Mehr Infos: ...	

4 Mir ist noch was eingefallen ...

3 🔊 08 **a** Hören Sie die beiden Sprachnachrichten von Elisa. Was ist richtig? Kreuzen Sie an.

1 ◯ Elisa findet es wichtig, was die Bank mit ihrem Geld macht.
2 ◯ Sogenannte „nachhaltige" Banken finanzieren nur kleine Projekte in der Ölindustrie.
3 ◯ Der Vermieter übernimmt die Kosten, wenn ein Mieter seinen Schlüssel verliert.
4 ◯ Wenn man ohne Absicht ein fremdes Auto beschädigt, zahlt die Haftpflichtversicherung.

b Sehen Sie noch einmal den Notizzettel in **3b** an. Was war für Sie interessant? Worüber möchten Sie noch mehr wissen? Sprechen Sie mit Ihrer Partnerin / Ihrem Partner.

◆ die IBAN ◆ der Schalter ◆ das (Giro)Konto ◆ die Überweisung ◆ die Zinsen ◆ der Kredit ◆ die Schulden

5 Je dünner, desto besser! AB 4 – 5

a Lesen Sie noch einmal die Nachrichten 1 und 8 in 3a auf Seite 26 – 27 und ergänzen Sie.

Vergleich	
je + Komparativ	desto / umso + Komparativ
Je .... man recherchiert,	desto .... wird die Entscheidung.
...... billig ......,	....

b Spielen Sie in der Gruppe: Eine/r nennt ein Nomen, die anderen sagen einen Ausdruck mit *je ... desto / umso besser*.

- Pizza.
- Je dünner, desto besser!
- Je weicher, umso besser!

Pizza, Geld, Fahrrad, ..., Bett, Urlaub, Computer

dünn, schnell, leicht, ..., lang, viel, weich

c Satzpuzzle: Je mehr Geld ich habe, ... Arbeiten Sie zu zweit. → S. 88

6 Es gibt zwei Alternativen ... AB 6 – 9

a Lesen Sie noch einmal die Nachrichten 7 und 12 in 3a auf Seite 27 und ergänzen Sie die Tabelle.

Alternative	positiv – negativ / Bedingung
.... investierst du viel Zeit (...)	Das passiert .... selten, ... es kann
.... du vertraust den Experten.	sehr teuer werden!

b Entscheidungshilfe geben. Arbeiten Sie zu dritt. → S. 88

7 Kannst du mir vielleicht helfen? AB 10

a Ihre Freundin Sophie aus Dresden zieht zum Arbeiten aus Deutschland weg an einen Ort, den Sie gut kennen. Lesen Sie ihre Nachricht. Was möchte Sophie wissen? Markieren Sie.

> Hallo!!! Jetzt ist es wirklich so weit: In einem Monat beginnt mein Arbeitsvertrag! Und ich muss natürlich noch tausend Sachen organisieren. Also: Ich muss ein Konto eröffnen. Welche Möglichkeiten gibt es da? Kannst du mir eine Bank empfehlen? Und: Muss ich irgendwelche Versicherungen abschließen? Ich bin dir so dankbar, wenn du mir Tipps geben kannst! 19:43

b Schreiben Sie eine Antwort. Verwenden Sie die Sätze aus dem Kasten. Vergleichen Sie Ihre Antwort dann mit Ihrer Partnerin / Ihrem Partner.

> Hi Sophie, wie super! Ich freu mich so, dass du bald in ... arbeitest. Klar helf ich dir! Also, hier ein paar Infos ...

Alternativen nennen und bewerten	eine Aussage relativieren
Es gibt / Du hast mehrere Möglichkeiten / Alternativen: ...	Ich bin zwar keine Expertin / kein Experte auf diesem Gebiet, aber ...
Entweder ... oder ...	Damit kenne ich mich leider auch nicht so gut aus, aber ...
Das ist zwar ..., aber ...	Soviel ich weiß, ...
auf andere Quellen verweisen	**weitere Hilfe anbieten**
Bei ... bekommt man Infos zu ...	Wenn du noch Fragen hast, melde dich einfach!
Zu diesem Thema kannst du dich auch bei ... erkundigen.	Wenn du nicht weiterkommst, kannst du dich gern noch mal melden!

SCHNELLTEST LEKTION 16 → S. 37

Wenn Wände sprechen

17

1 Was meinen Sie?

a Machen Sie Notizen zu der folgenden Frage: Wenn Sie selbst ein *Street-Art*-Werk erstellen würden, wie würde das aussehen?

- politische Aussage
- Thema „Klimakatastrophe"
- farbig, groß
- ...

◆ Klimakatastrophe

b Sprechen Sie zu zweit über Ihre Notizen. Präsentieren Sie dann Ihre Ergebnisse einem anderen Paar.

> Ich würde gern mal ein Wandbild machen. Es wäre auf jeden Fall sehr farbig und groß. Und es hätte sicher eine politische Aussage, zum Beispiel zum Thema „Klimakatastrophe".

c Sehen Sie das Bild an und sprechen Sie im Kurs: Was sehen Sie? Beschreiben Sie, ohne zu bewerten!

> Im Vordergrund sieht man eine Mauer mit einem Bild von ... Um ihn herum sind viele ...

> Ja, und daneben sind zwei ... und darunter steht ...

LERNZIELE

HÖREN: Meinungen zu *Street-Art* **LESEN:** Interview in Zeitschrift **SCHREIBEN:** Audio-Guide
KOMMUNIKATION: *Street-Art* bewerten: *... beeindruckt mich.* • ein Kunstwerk präsentieren: *Heute geht es um ein Werk, das sich in ... befindet.* • ein Kunstwerk beschreiben: *Im Vordergrund erkennt man ...* • weitere Informationen geben: *... ist ... entstanden.* **WÖRTER:** Kunst **GRAMMATIK:** Konnektor *indem*: *Sie könnten gute Lösungen finden, indem sie einfach mehr miteinander sprechen.* **WORTBILDUNG:** *miss* + Nomen / Verb

3 ◀)) 09

2 *Street-Art* find' ich ja ganz okay.

a Hören Sie Aussagen zu der *Street-Art* auf Seite 29. Wie bewerten die Passantinnen / Passanten das Bild? Ordnen Sie die Aussagen 1 – 4 zu.

☹ ☹	😐 ☹	😐 😐
		1,

b Hören Sie die Aussagen noch einmal. Welche Sätze hören Sie? Markieren Sie.

K

***Street-Art* bewerten**

... finde ich sehr berührend / berührt mich sehr.	... meinetwegen!
... beeindruckt mich (nicht).	Das finde ich ehrlich gesagt unmöglich.
... sieht einfach (nicht) schön / hässlich / ... aus.	So etwas lehne ich ab!
... bringt mich (nicht) zum Nachdenken.	Es stört mich, wenn ...
... finde ich ganz okay / schon in Ordnung.	Es geht (nicht) um ein soziales / politisches Problem. Das finde ich gut / schade.
Für mich ist das mal etwas / nichts Neues.	... finde ich richtig / echt / total gut / witzig / verrückt / ... !
Davon halte ich (nicht so) viel / nichts.	

c Sprechen Sie in der Gruppe: Wie bewerten Sie die *Street-Art* auf Seite 29? Jede/r verwendet mindestens zwei markierte Sätze aus **b**.

ungewöhnlich kreativ verrückt witzig gelungen enttäuschend fantasievoll nichtssagend ausgezeichnet

3 Was findest du so toll an *Street-Art*? AB 1

a Lesen Sie das Interview und ordnen Sie die Fragen den Antworten zu.

⬡ Was findest du so toll an *Street-Art*? ⬡ Sollte man Graffiti und *Street-Art* legalisieren? ⟨1⟩ Juliana, dein Künstlername ist „Armentamor". Was bedeutet der Name? ⬡ Wie bist du zur *Street-Art* gekommen?

www.tagesblatt.net/kultur

POLITIK WIRTSCHAFT **KULTUR**

KURZ Nachgefragt

Das tägliche Mini-Interview mit Carla Mohn

Heute stellen wir Juliana Armenta vor. Die Künstlerin aus Kolumbien lebt seit einigen Jahren in Deutschland und hat hier auch studiert. Ihr Fokus liegt besonders im Bereich *Street-Art*. Und darüber wollen wir in diesem Kurzinterview mit ihr sprechen.

W

◆ die Kunst

◆ die Künstlerin / ◆ der Künstler

◆ die Malerin / ◆ der Maler

◆ die Fotografie

◆ das (Kunst)Wer

CARLA MOHN: (1)

JULIANA ARMENTA: „Armentamor“, das war der Spitzname meines Großvaters. Ich habe ihn leider nicht kennengelernt. Er ist neun Monate vor meiner Geburt gestorben. Ich habe aber das Gefühl, dass seine Seele immer bei mir ist. Deswegen habe ich seinen Spitznamen zu meinem Pseudonym gemacht. „Armenta“ ist mein Nachname und was „Amor“ bedeutet, muss ich nicht erklären.

CARLA MOHN: (2) Und wie lange machst du das schon?

JULIANA ARMENTA: Also, meinen künstlerischen Stil, den hatte ich schon, als ich noch eine Teenagerin war. Immer wenn mich die Schule gestresst hat, habe ich große bunte Bilder in meine Schulbücher reingemalt. Mein erstes richtiges Wandbild habe ich erst viel später gemacht. Das war während der COVID-Pandemie. Da habe ich in Lüneburg eine feministische *Street-Art*-Gruppe kennengelernt. Das war sehr wichtig für mich, denn die Graffiti-Szene ist ja sehr männlich dominiert. Zusammen mit anderen Frauen war es für mich viel leichter, auf die Straßen zu gehen und etwas zu malen.

CARLA MOHN: (3)

JULIANA ARMENTA: Ach, es gibt so vieles, was mich da fasziniert! Zum Beispiel, dass es eine sehr demokratische Kunst ist. Sie findet nicht in Galerien oder Museen statt, sondern in der Öffentlichkeit. Sie ist für alle da und sie ist kostenlos. Wir können sie sehen, indem wir einfach mit offenen Augen durch die Straßen gehen. Und *Street-Art* und Graffiti sind auch eine sehr direkte und sehr poetische Form des gesellschaftlichen Dialogs: Die Wände fangen an zu sprechen. Sie erzählen, was an diesem Ort passiert ist. Und sie zeigen ganz genau, wer da war, obwohl die Künstler:innen selbst ja meistens anonym bleiben.

CARLA MOHN: Anonym, ... das ist ein gutes Stichwort für meine letzte Frage: (4) Was denkst du?

JULIANA ARMENTA: Na ja, die Künstler:innen und die Stadtverwaltungen könnten gute Lösungen finden, indem sie einfach mehr miteinander sprechen. So könnte es zum Beispiel noch mehr legale Flächen für *Street-Art* geben. Das würde bestimmt sehr helfen.

KOMMENTIEREN

b Arbeiten Sie zu zweit. Partner/in A liest die Antwort auf Frage 1 noch einmal, Partner/in B die Antwort auf Frage 2. Fassen Sie dann Julianas Antwort für Ihre Partnerin / Ihren Partner zusammen.

> Julianas Pseudonym ist ... Das ist ... von ... Sie ...

> Als Juliana eine Teenagerin war, hat ... Erst viel später ...

c Lesen Sie die Antworten zu den Fragen 3 und 4 noch einmal und ergänzen Sie in der Tabelle Julianas Antworten und Ihre eigene Meinung in Stichpunkten. Fragen Sie dann Ihre Partnerin / Ihren Partner und machen Sie Notizen.

Extra

Film

	Juliana	Ich	Meine Partnerin / Mein Partner
Frage 3	demokratische Kunst, ...	weniger graue Wände in der Stadt, ...	
Frage 4			

das Gemälde

◆ die Skulptur

◆ die Street-Art

◆ der / ◆ das Graffiti

◆ die Zeichnung

◆ die Grafik

4 ..., indem wir einfach mit offenen Augen durch die Straßen gehen. AB 2 – 6

a Lesen Sie die beiden Sätze aus dem Text in 3a auf Seite 30 – 31 noch einmal. Was kann man mit *indem* sagen? Kreuzen Sie in der Regel an.

G

		Ende
Wir können die Kunst sehen,	indem wir einfach mit offenen Augen durch die Straßen	gehen. (Z. 39 – 41)
Sie könnten gute Lösungen finden,	indem sie einfach mehr miteinander	sprechen. (Z. 51 – 54)

Mit *indem* kann man sagen, ○ wie ○ warum man etwas macht.

b Wie lernt man ...? Arbeiten Sie zu zweit. → S. 90

5 Audioguide zu einem Kunstwerk AB 7 – 9

a Arbeiten Sie zu dritt. Wählen Sie ein Kunstwerk und suchen Sie ein Bild dazu im Internet. Erstellen Sie dann einen Audioguide.

b Wie erstelle ich einen Audioguide? Lesen Sie die Tipps. ZWISCHENSCHRITT → S. 91

c Schreiben Sie in Ihrer Gruppe den Text für den Audioguide und nehmen Sie ihn auf. Hilfe finden Sie auch im Bildlexikon.

- Begrüßung: Über welches Kunstwerk sprechen Sie? Präsentieren Sie es kurz.
- Beschreiben Sie das Kunstwerk.
- Geben Sie weitere Informationen zu dem Kunstwerk.

K

ein Kunstwerk präsentieren

Willkommen zu ...
Heute geht es um ein Werk, das sich in ... befindet.
Es ist eine Zeichnung / eine Skulptur / ein *Street-Art*-Werk / ...
Die Künstlerin / Der Künstler ist ...
Möchtet ihr mehr darüber wissen?

ein Kunstwerk beschreiben

Ihr seht hier ... ein Gemälde / eine Fotografie / ein *Street-Art*-Werk / eine Skulptur / eine Grafik / ..., das / die ...

Im Vordergrund / Hintergrund erkennt / sieht man ...

Vorne / Hinten / Oben / Unten / Rechts / Links könnt ihr ... erkennen / sehen.

weitere Informationen geben

Wusstet ihr, dass ...?
... ist ... entstanden.
Die Künstlerin / Der Künstler / ... möchte zeigen, dass ...
Das bedeutet, dass ...

d Spielen Sie Ihren Audioguide im Kurs vor und zeigen Sie dazu Ihr Kunstwerk. Die anderen stellen Fragen und geben Ihnen ein Feedback.

Willkommen zu unserer Ausstellung ...

SCHNELLTEST LEKTION 17 → S. 37

18

Was ist Ihre Rolle?

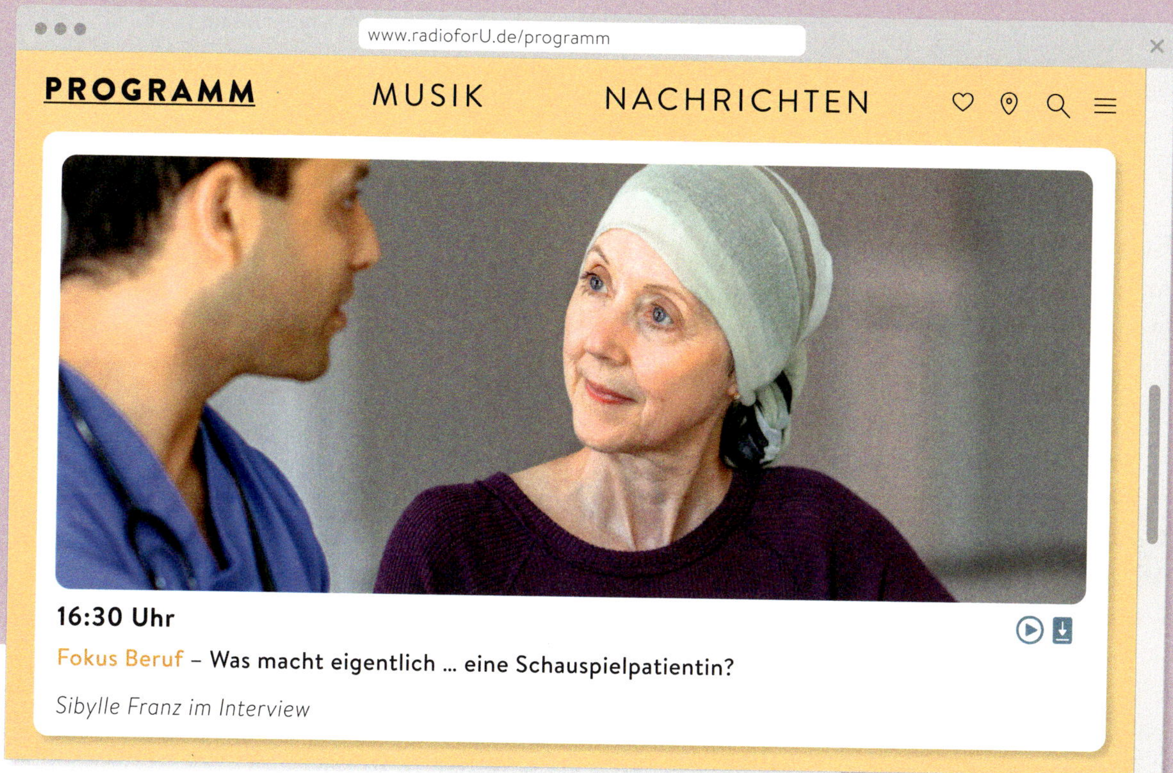

1 Was macht eigentlich eine Schauspielpatientin?

3 🔊 10 **a** Sehen Sie das Bild an und lesen Sie die Ankündigung zur Radiosendung. Hören Sie dann das Interview. Was ist richtig? Kreuzen Sie an.

1 Sibylle Franz spielt ○ eine Patientin oder eine Angehörige von Kranken. ○ eine Ärztin.
2 Sie arbeitet ○ im Krankenhaus. ○ in der Uni.
3 In Kommunikationstrainings lernen ○ Ärztinnen / Ärzte ○ Studentinnen / Studenten , wie man richtig mit Kranken und Angehörigen kommuniziert.
4 Gemeinsam mit Sibylle spielen sie ○ eine Gesprächssituation aus dem Klinikalltag ○ eine Operation und sprechen dann anschließend darüber.
5 ○ Sibylle findet ihren Job oft intensiv, aber sie liebt ihn. ○ Sibylle ist oft aufgeregt.
6 Sie ○ wollte schon immer Schauspielpatientin werden. ○ hat den Job zufällig während ihrer Ausbildung kennengelernt.

b Wie finden Sie die Idee einer Schauspielpatientin? Sprechen Sie im Kurs.

Ich wusste gar nicht, dass es so was gibt! Interessant!

Also, ich kann mir nicht vorstellen, dass das sinnvoll ist! Ich finde, eine Ärztin oder ein Arzt muss vor allem medizinisch kompetent sein.

LERNZIELE

HÖREN: Radiointerview **LESEN:** Magazintext in Fachzeitschrift zu Kommunikation im Bereich Medizin **SCHREIBEN / KOMMUNIKATION:** etwas zusammenfassen: *Im Text / Artikel ging es um ...* • neue Informationen kommentieren: *Ich wusste schon / noch nicht, dass ...* • seine Meinung / sein Wissen ergänzen: *Wichtig ist (vielleicht) auch (noch), dass ...* **WÖRTER:** Medizinische Versorgung **GRAMMATIK:** Plusquamperfekt • Konnektor *nachdem*: ..., *nachdem sie selbst insgesamt 20 Jahre als Ärztin tätig gewesen war.*

2 Ratespiel: Ihr seid im Krankenwagen! AB 1–2

Arbeiten Sie zu dritt. Schreiben Sie drei kurze Gespräche an verschiedenen Orten aus dem Bildlexikon. Verwenden Sie möglichst viele Wörter aus dem Bildlexikon. Spielen Sie dann die Situation. Die anderen raten, wo Sie sind.

○ Es tut so weh! Ich habe Schmerzen.
□ Keine Sorge! Wir sind gleich in der Notaufnahme.
△ Das dauert nicht mehr lange. Ich gebe Ihnen ein Schmerzmittel.
○ Ah. Gut! Na endlich!

Ihr seid im Krankenwagen!

Ja, genau!

3 Kommunikation spielend lernen AB 3

a Arbeiten Sie zu zweit und lesen Sie den Artikel. Markieren Sie die Antworten im Text in fünf Farben. Machen Sie dann Notizen.

1 Warum ist gute Kommunikation zwischen Ärztin / Arzt und Patientin / Patient so wichtig?
2 Wie sehen die Kommunikationstrainings aus?
3 Welche Voraussetzungen braucht man für ein gutes Gespräch?
4 Was macht die Gesprächssituation zwischen Ärztin / Arzt und Patientin / Patient so schwierig?
5 Was sagt Frau Prof. Bresky?

Frage 1:
- Therapien helfen besser
- ...

Kommunikation spielend lernen

Kommunikationstrainings gehören an vielen Universitäten inzwischen zum Pflichtprogramm im Medizinstudium.

Studien haben gezeigt: Wenn Patient*innen das Gefühl haben, ihre Ärztin oder ihr Arzt versteht sie und behandelt sie mit Respekt, dann helfen Therapien besser. Vertrauen und eine gute Kommunikation spielen also für den medizinischen Erfolg eine wichtige Rolle. Auf der anderen Seite sind auch Mediziner*innen, die einen guten Kontakt zu ihren Patient*innen haben, oft zufriedener mit ihrem Beruf und leiden seltener unter Burn-out. Vor diesem Hintergrund hat sich auch die Ausbildung in Medizinberufen verändert: Nachdem die Studierenden früher vor allem Fachwissen gelernt haben, stehen heute auch Kommunikationstrainings auf dem Studienplan. Bevor die zukünftigen Ärzt*innen zum ersten Mal mit „echten" Patient*innen zu tun haben, besuchen sie Vorlesungen zum Thema und machen praktische Übungen: mit Schauspieler*innen, die Kranke und Angehörige spielen. Was können Studierende für die Kommunikation mit Patient*innen lernen?

Eine gute Umgebung für ein ruhiges Gespräch schaffen: ohne ein Telefon, das ständig klingelt, ohne Kolleg*innen, die ins Zimmer kommen. Den Patient*innen zuhören, nicht nur selbst sprechen. Gefühle erkennen und darauf reagieren, Zeit lassen und Pausen aushalten.

Ferhat Kaya nimmt als Medizinstudent an einem Kommunikationstraining teil.

„Wir hatten uns theoretisch intensiv mit solchen Themen beschäftigt. Und ich wusste ja auch, dass vor mir eine Schauspielerin sitzt. Trotzdem war ich in der Situation sehr aufgeregt", erinnert sich Ferhat Kaya an sein erstes Gespräch in der Arztrolle.

◆ die Station ◆ die Notärztin / ◆ der Notarzt ◆ der Notfall ◆ die Notaufnahme ◆ die Patientin / ◆ der Patient ◆ der Krankenwagen

Die Perspektiven von Ärzt*innen und Patient*innen sind grundsätzlich unterschiedlich: Für die einen ist es der Beruf, für die anderen geht es um die eigene Gesundheit. Patient*innen sprechen aus ihrer persönlichen Erfahrung, Ärzt*innen haben das Fachwissen über Krankheiten und mögliche Therapien. „Welche Rolle habe ich? Und wie möchte ich sie spielen? Es ist wichtig, dass man über die Kommunikationssituation nachdenkt", sagt Prof. Bresky. Sie hat die medizinische Kommunikation zu ihrer Lebensaufgabe gemacht, nachdem sie selbst insgesamt 20 Jahre als Ärztin tätig gewesen war – in mehreren Krankenhäusern und auf verschiedenen Stationen.

Die Arbeitsbedingungen sind hart und im stressigen Klinikalltag bleibt leider oft zu wenig Zeit, das weiß Prof. Bresky aus eigener Erfahrung. Doch sie ist überzeugt, dass Kommunikationstrainings eine große Wirkung haben können, nicht nur auf Studierende der Medizin.

Prof. Dr. Anita Bresky leitet Kommunikationstrainings im Medizinstudium.

b Vergleichen Sie Ihre Ergebnisse mit einem anderen Paar. Einigen Sie sich auf die wichtigsten Punkte.

> Wir haben bei Frage 1 notiert, dass Therapien besser helfen, wenn die Kommunikation gut funktioniert.

> Genau, und wir haben auch noch „Medizinerinnen / Mediziner zufriedener" und „weniger Burn-out" notiert.

> Dann notieren wir das auch! Was habt ihr noch?

4 Worum ging's da noch mal? AB 4

a Lesen Sie die Nachricht Ihres Freundes Miran und antworten Sie auf seine Fragen. Fassen Sie die wichtigsten Informationen zusammen. Ihre Notizen aus 3a helfen Ihnen dabei.

> Hallo, du, ich möchte ja nächstes Jahr Medizin studieren. 🙂 Und du hast letztes Mal gesagt, dass du einen Artikel über das Fach „Kommunikationstraining" gelesen hast. Worum ging's da noch mal? Kommunikation im Medizinstudium? 🤔 Und wie war das mit der Schauspielpatientin?

> Hallo Miran, genau, der Artikel war super interessant! Also, im Text ging es um ...
> Neu war für mich, dass ...
> Und eine Schauspielpatientin ...

K

etwas zusammenfassen	neue Informationen kommentieren
Im Text / Artikel geht es um ...	Ich wusste schon / noch nicht, dass ...
... sind besonders wichtig, weil ...	Ich habe schon einmal / noch nie gelesen / gehört, dass ...
Ich habe gelesen / erfahren, dass ...	(Nicht) neu war für mich, dass ...
Zusammenfassend / Insgesamt kann man sagen, dass ...	So habe ich das noch nie gesehen / gelesen.

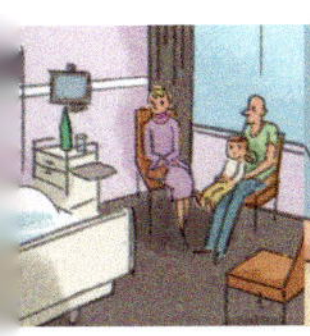

◆ die / ◆ der Angehörige

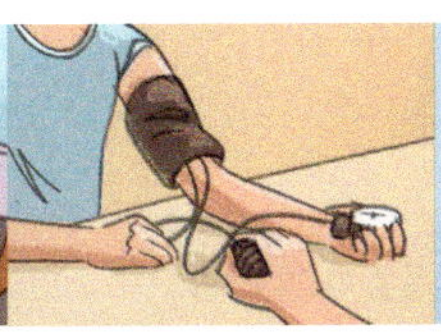

◆ die Untersuchung

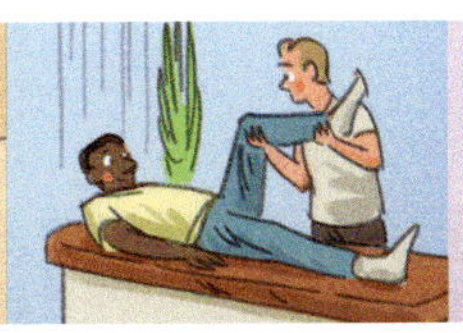

◆ die Therapie / ◆ die Behandlung

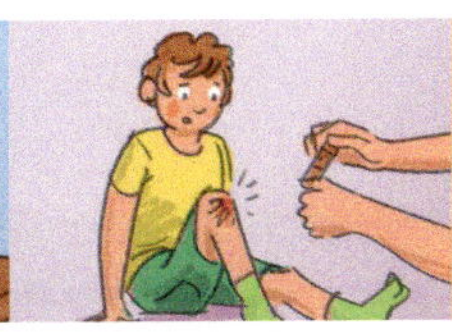

◆ die Verletzung

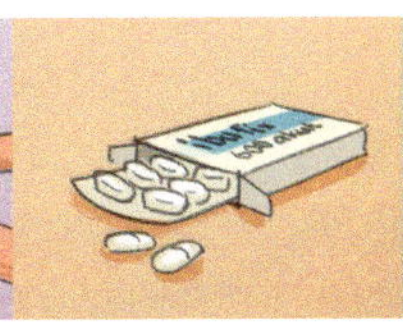

◆ das Schmerzmittel

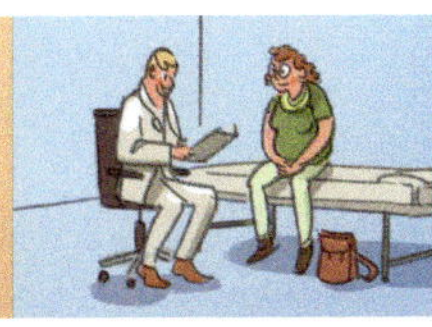

◆ die Sprechstunde

◆ der Operationssaal (OP)

b Arbeiten Sie zu zweit. Lesen Sie die Antwort von Ihrer Partnerin / Ihrem Partner. Finden Sie noch andere Informationen wichtig? Sprechen Sie.

K

seine Meinung / sein Wissen ergänzen

Wichtig ist (vielleicht) auch (noch), dass ...
Besonders interessant war (für mich), dass ...
Dazu fällt mir noch ein, dass ...
Das habe ich ein bisschen / etwas anders verstanden.

Dazu fällt mir noch ein, dass Frau Prof. Bresky im Artikel sagt, dass der Klinikalltag stressig sein kann.

5 Das ist vorher passiert! AB 5–8

a Verbinden Sie die Sätze und markieren Sie in zwei Farben:
Was ist vorher passiert? Was ist danach passiert?

1 Wir hatten uns theoretisch mit solchen Themen beschäftigt.
2 Sie hat die medizinische Kommunikation zu ihrer Lebensaufgabe gemacht,
3 Nachdem die Studierenden früher vor allem Fachwissen gelernt haben,

a nachdem sie selbst insgesamt 20 Jahre als Ärztin tätig gewesen war.
b stehen heute auch Kommunikationstrainings auf dem Studienplan.
c Trotzdem war ich in der Situation sehr aufgeregt.

b Lesen Sie die Sätze 1 und 2 in **a** und unterstreichen Sie die Verben. Ergänzen Sie dann die Tabelle.

G

Wenn in der Vergangenheit etwas **vorher** passiert, steht das im **Plusquamperfekt**.
Das Plusquamperfekt bildet man mit *haben / sein* im Präteritum (hatten , ...)
+ Partizip (beschäftigt , ...).

c *Perfekt* oder *Plusquamperfekt*? Lesen Sie die Sätze 2 und 3 in **a** noch einmal und ergänzen Sie die Tabelle.

G

Der *nachdem*-Satz beschreibt etwas, was **vorher** passiert ist. Deshalb steht dort eine andere Zeit als im Hauptsatz:
nachdem-Satz: .... → Hauptsatz: Perfekt oder Präteritum
nachdem-Satz: .... → Hauptsatz: Präsens

d Viel zu tun im Krankenhaus! Arbeiten Sie zu zweit.
PARTNER/IN A → S. 92 PARTNER/IN B → S. 106

e Kettenspiel: Mein (Arbeits-)Tag gestern! Arbeiten Sie zu viert. Bilden Sie Sätze mit *nachdem*. Spielen Sie drei Minuten. Welche Gruppe hat die meisten Sätze?

- Nachdem ich gestern Morgen zum Bus gerannt war, habe ich zufällig meine Kollegin getroffen.
- Nachdem ich meine Kollegin im Bus getroffen hatte, haben wir über unser gemeinsames Projekt geredet. ...
- Nachdem ...

SCHNELLTEST LEKTION 18 → S. 38 Magazin Lektion 16, 17, 18 → S. 76

LEKTION 16

W Bankgeschäfte. Was passt? Ordnen Sie zu.

EC-Karte ~~Geldautomaten~~ IBAN Konto Bargeld Schalter Überweisung

Am Geldautomaten (a) kann man .... (b) vom .... (c) abheben.
Dazu braucht man eine .... (d).
Eine .... (e) kann man online oder am .... (f) erledigen.
Man muss dazu nur die .... (g) des Kontos wissen.

...... / 6 Punkte
4 – 6 Punkte
0 – 3 Punkte

G Reiseversicherung. Ergänzen Sie *entweder … oder*, *je … desto* und *zwar … aber*.

- Ich buche gerade meine Reise in die USA. Sag mal, würdest du eine „Reiseversicherung" abschließen?
- Na ja: .... du gehst das Risiko ein .... du schließt eine Versicherung ab. (a) Man wird .... nicht unbedingt krank, ... so eine Versicherung kostet auch nicht so viel. (b) Ich würde es so machen: .... teurer das Ticket ist, ... eher würde ich eine Versicherung dazu nehmen. (c)

...... / 3 Punkte
2 – 3 Punkte
0 – 1 Punkte

K Kannst du mir vielleicht helfen? Sortieren Sie das Gespräch.

( ) Bei den Verbraucherzentralen bekommt man Infos zu diesem Thema.
( ) Und wo kann ich mich da informieren?
(1) Mein Vater sagt, ich soll eine Lebensversicherung abschließen. Was meinst du dazu?
( ) Gern! Und wenn du nicht weiterkommst, kannst du dich gern noch mal melden.
( ) Ich bin zwar kein Experte, aber soviel ich weiß, haben viele Selbstständige eine Lebensversicherung.
( ) Super, danke für den Tipp.

...... / 5 Punkte
3 – 5 Punkte
0 – 2 Punkte

LEKTION 17

W Kunst, Kunst, Kunst! Notieren Sie noch fünf Wörter mit Artikel.

~~Ge~~ Künst Zeich Kunst Skulp Gra
ler tur ~~mälde~~ nung fik werk

1 das Gemälde
2 …

...... / 5 Punkte
3 – 5 Punkte
0 – 2 Punkte

G Beantworten Sie die Fragen. Schreiben Sie Sätze mit *indem*.

a Wie werde ich eine erfolgreiche Künstlerin? (gute Kontakte haben und hart arbeiten)
b Wie ernährt man sich gesund? (wenig Zucker essen)
c Wie lernt mein Sohn am besten Klavier? (jeden Tag eine Stunde üben)
d Wie sollen wir nur gut Deutsch lernen? (viele deutsche Filme schauen)
e Wie finde ich neue Freunde? (vielleicht einen Tanzkurs machen)

Indem du gute Kontakte …

...... / 5 Punkte
3 – 5 Punkte
0 – 2 Punkte

LÖSUNGEN → S. 109

K Ergänzen Sie.

Entscheiden Sie dann: Ist das eine positive 🙂, eine negative ☹ oder eine neutrale 😐 Bewertung? Zeichnen Sie 🙂 ☹ 😐.

a Die Zeichnung b e r ü h r t mich sehr. 🙂
b Davon h .... ich nicht so viel.
c So etwas l .... ich ab!
d Die Skulptur b .... mich zum Nachdenken.
e Das Gemälde s .... einfach schön aus.

...... / 4 Punkte
🙂 3 – 4 Punkte
😐 0 – 2 Punkte

LEKTION 18

W Im Krankenhaus: Bilden Sie Wörter und ergänzen Sie mit Artikel.

~~ge~~ Schmerz ~~gen~~ ~~hö~~ wa stun fall Kran mit Sprech Not ~~An~~ gen de ken ~~ri~~ tel

a die Verwandten von kranken Menschen: die Angehörigen
b etwas, was sehr dringend ist: ....
c ein Medikament, das man bekommt, wenn etwas sehr weh tut: ....
d in dieser Zeit sprechen Ärzt:innen mit Kranken: ....
e damit holt man Kranke ab: ....

...... / 4 Punkte
🙂 3 – 4 Punkte
😐 0 – 2 Punkte

G Der Fahrradunfall

Schreiben Sie die Sätze im Plusquamperfekt. Verwenden Sie *nachdem*.

a Ich bin gestern zu spät aufgestanden. Ich bin sehr schnell zur Uni gefahren.
b Ich habe einen anderen Radfahrer überholt. Dann habe ich eine Mülltonne zu spät gesehen und hatte einen Unfall.
c Ein Krankenwagen ist gekommen. Wir sind ins Krankenhaus gefahren.
d In der Notaufnahme habe ich eine Stunde gewartet. Eine Notärztin hat mich untersucht.

a Nachdem ich gestern zu spät aufgestanden war, bin ich sehr schnell zur Uni gefahren.

...... / 3 Punkte
🙂 2 – 3 Punkte
😐 0 – 1 Punkte

K Was bedeuten die kursiven Satzteile? Ordnen Sie zu.

⬡ Ich habe erfahren ⬡ Im Film ging es um ⬡ ich habe noch nie gehört
⬡ besonders wichtig ist ⬡ Zusammenfassend

- Du, ich hab' gestern eine tolle Doku gesehen! *Das Thema war* (1) Kommunikation. Der Film hat eine Schauspielpatientin bei ihrer Arbeit begleitet. *Neu war für mich* (2), wie wichtig Kommunikation im Krankenhaus ist.
- Interessant! Also, *ich wusste nicht* (3), dass es diesen Beruf überhaupt gibt.
- Ich auch nicht! *Insgesamt* (4) kann man sagen, dass es für Ärztinnen und Ärzte *eine große Rolle spielt* (5), gute Kommunikation zu lernen.

...... / 5 Punkte
🙂 3 – 5 Punkte
😐 0 – 2 Punkte

LÖSUNGEN → S. 109

Verben

Konjugation: Plusquamperfekt mit *haben* und *sein* L18

	haben im Präteritum +	Partizip	sein im Präteritum +	Partizip
ich	hatte	gemacht, gearbeitet, geschrieben, …	war	gegangen, gefahren, gelaufen, …
du	hattest		warst	
er / es / sie	hatte		war	
wir	hatten		waren	
ihr	hattet		wart	
sie / Sie	hatten		waren	

Das ist vorher passiert: Plusquamperfekt	Das ist danach passiert: Präteritum oder Perfekt
Wir hatten uns theoretisch mit solchen Themen beschäftigt.	Trotzdem war ich in der Situation sehr aufgeregt.
Nachdem sie selbst insgesamt 20 Jahre als Ärztin tätig gewesen war,	hat sie die medizinische Kommunikation zu ihrer Lebensaufgabe gemacht.

Sätze und Satzverbindungen

Zweiteilige Konnektoren: *je … desto / umso, entweder … oder, zwar … aber* L16

Vergleich	
je + Komparativ	desto / umso + Komparativ
Nebensatz	**Hauptsatz**
Je mehr man recherchiert,	desto schwieriger wird die Entscheidung.
Je billiger,	umso besser.

Alternative	
Entweder investierst du viel Zeit (…)	oder du vertraust den Experten.
positiv – negativ / Bedingung	
Das passiert zwar selten,	aber es kann sehr teuer werden!

Konnektor *indem* L17

Hauptsatz	Nebensatz	
		Ende
Wir können die Kunst sehen,	indem wir einfach mit offenen Augen durch die Straßen	gehen.

= Mit *indem* kann man sagen, **wie** man etwas macht.

Konnektor *nachdem* L18

Nebensatz: Plusquamperfekt	Hauptsatz: Perfekt oder Präteritum
Nachdem sie selbst insgesamt 20 Jahre als Ärztin tätig gewesen war,	hat sie die medizinische Kommunikation zu ihrer Lebensaufgabe gemacht.
Perfekt	**Präsens**
Nachdem die Studierenden früher vor allem Fachwissen gelernt haben,	stehen heute auch Kommunikationstrainings auf dem Studienplan.

Wortbildung

miss + Nomen / Verb L17

miss + Nomen → Nomen	
der Erfolg	→ der Misserfolg = kein Erfolg

miss + Verb → Verb	
trauen	→ misstrauen = kein Vertrauen haben
verstehen	→ missverstehen = falsch verstehen

Alternativen nennen und bewerten L16

Es gibt / Du hast mehrere Möglichkeiten / Alternativen: ...

Entweder ... oder ...

Das ist zwar ..., aber ...

eine Aussage relativieren L16

Ich bin zwar keine Expertin / kein Experte auf diesem Gebiet, aber ...

Damit kenne ich mich leider auch nicht so gut aus, aber ...

Soviel ich weiß, ...

auf andere Quellen verweisen L16

Bei ... bekommt man Infos zu ...

Zu diesem Thema kannst du dich auch bei ... erkundigen.

weitere Hilfe anbieten L16

Wenn du noch Fragen hast, melde dich einfach!

Wenn du nicht weiterkommst, kannst du dich gern noch mal melden!

***Street-Art* bewerten** L17

... finde ich sehr berührend / berührt mich sehr.
... beeindruckt mich (nicht).
... sieht einfach (nicht) schön / hässlich aus.
... bringt mich (nicht) zum Nachdenken.
... finde ich ganz okay / schon in Ordnung.
Für mich ist das mal etwas / nichts Neues.
Davon halte ich (nicht so) viel / nichts.

... meinetwegen!
Das finde ich ehrlich gesagt unmöglich.
So etwas lehne ich ab!
Es stört mich, wenn ...
Es geht (nicht) um ein soziales / politisches Problem.
Das finde ich gut / schade.
... finde ich richtig / echt / total gut / witzig / verrückt / ...!

ein Kunstwerk präsentieren L17

Willkommen zu ...

Heute geht es um ein Werk, das sich in ... befindet.

Es ist eine Zeichnung / eine Skulptur / ein *Street-Art*-Werk / ...

Die Künstlerin / Der Künstler ist ...

Möchtet ihr mehr darüber wissen?

ein Kunstwerk beschreiben L17

Ihr seht hier ... ein Gemälde / eine Fotografie / ein *Street-Art*-Werk / eine Skulptur / eine Grafik / ..., das / die ...

Im Vordergrund / Hintergrund erkennt / sieht man ...

Vorne / Hinten / Oben / Unten / Rechts / Links könnt ihr ... erkennen / sehen.

weitere Informationen geben L17

Wusstet ihr, dass ...?

... ist ... entstanden.

Die Künstlerin / Der Künstler / ... möchte zeigen, dass ...

Das bedeutet, dass ...

etwas zusammenfassen L18

Im Text / Artikel geht es um ...

... sind besonders wichtig, weil ...

Ich habe gelesen / erfahren, dass ...

Zusammenfassend / Insgesamt kann man sagen, dass ...

neue Informationen kommentieren L18

Ich wusste schon / noch nicht, dass ...

Ich habe schon einmal / noch nie gelesen / gehört, dass ...

(Nicht) neu war für mich, dass ...

So habe ich das noch nie gesehen / gelesen.

seine Meinung / sein Wissen ergänzen L18

Wichtig ist (vielleicht) auch (noch), dass ...

Besonders interessant war (für mich), dass ...

Dazu fällt mir noch ein, dass ...

Das habe ich ein bisschen / etwas anders verstanden.

19

Mein Zeugnis wurde anerkannt.

Praktikantin Alina Horvat aus Slowenien in der Zimmerei von Herbert Fuchs

1 Zimmerin ist ein schöner Beruf! AB 1

a Arbeiten Sie zu zweit. Sehen Sie das Bild an und lesen Sie die Bildunterschrift. Recherchieren Sie und beantworten Sie die Fragen. Sprechen Sie dann im Kurs.

1 Was macht eine Zimmerin / ein Zimmerer?
2 Woher kommt die Bezeichnung für diesen Beruf?

G

Beruf + ei	→	Ort
der Zimmerer	→	die Zimmerei
der Bäcker	→	die Bäckerei
der Metzger	→	die Metzgerei

4 01 **b** Hören Sie nun das Gespräch. Sortieren Sie Herberts beruflichen Werdegang und ergänzen Sie die Informationen.

- ⬡ .... Meisterprüfung gemacht
- ⬡ 1 Lehre / Ausbildung mit .... Jahren begonnen
- ⬡ Wanderjahre in Italien, Deutschland und Österreich: .... Jahre lang
- ⬡ Familienbetrieb vor fast .... Jahren übernommen

◆ Metzgerei

◆ Meisterprüfung

◆ Wanderjahre

2 Ein Handwerksberuf

Sind Sie handwerklich begabt? Gibt es einen Handwerksberuf, in dem Sie gern arbeiten würden oder schon einmal gearbeitet haben? Sprechen Sie in der Gruppe.

> Ich renoviere gern Wohnungen. Also, Maler würde mir vielleicht Spaß machen ...

LERNZIELE

HÖREN: Gespräch in einem Handwerksbetrieb **LESEN:** Magazintext mit Berufsporträts, Infotext zur dualen Berufsausbildung **KOMMUNIKATION:** Routinen erklären: *In der Regel dauert ...* • etwas vergleichen: *Im Vergleich zu ...* **WÖRTER:** Kommunikation mit Behörden **GRAMMATIK:** Passiv Präteritum und Perfekt: *Sein Antrag wurde ... abgelehnt. / Ihre Ausbildungszeit ist ... reduziert worden.* **WORTBILDUNG:** Beruf + *ei*: *die Bäckerei* • Adjektive aus Nomen + *isch*: *theoretisch*

3 Die Behörde genehmigt einen Antrag.

a Sehen Sie das Bildlexikon an und markieren Sie in zwei Farben: Was macht die Behörde? Was macht die Bürgerin / der Bürger? Schließen Sie dann das Buch.

b Schreiben Sie zwei Kärtchen wie im Beispiel. Ihre Kursleiterin / Ihr Kursleiter nennt eine Aktion aus dem Bildlexikon. Wer macht das? Heben Sie das richtige Kärtchen hoch.

Behörde

Bürgerin / Bürger

einen Antrag genehmigen

Richtig, die Behörde genehmigt einen Antrag.

4 Aber dann ist alles anders gekommen.

a Sehen Sie die Bilder an, lesen Sie die Zitate und den Anfang der Texte 1 (bis Zeile 5) und 2 (bis Zeile 20). Was ist passiert? Sprechen Sie im Kurs.

VIELE WEGE FÜHREN ZUM MEISTERBRIEF

EINE ZIMMERIN UND EIN ZIMMERER IM PORTRÄT

1 **„Ich bin nicht gefragt worden, ob ich Zimmerer werden will. Es war klar, dass ich einmal den Familienbetrieb übernehme. Aber dann ist alles anders gekommen.“** ***Anas Yousef***

Anas kennt den Beruf des Zimmerers, seit er Kind ist. Er hat das Handwerk in der Firma seines Vaters in Syrien gelernt und dort gearbeitet, bis die Familie vor dem Krieg fliehen musste. Nachdem er in Deutschland Asyl und eine Arbeitserlaubnis bekommen hatte, wollte er seine Ausbildung offiziell anerkennen lassen. Doch sein Antrag wurde von der zuständigen Behörde zuerst abgelehnt, weil notwendige Dokumente und Papiere über seine ausländische Ausbildung fehlten. Er musste deshalb in einer praktischen Prüfung seine Kenntnisse beweisen und außerdem ein paar zusätzliche Kurse besuchen. Als er den positiven Bescheid endlich erhalten hatte, war für ihn klar, dass er weiterlernen will: Mit einem privaten Stipendium hat er parallel zum Job die Meisterschule absolviert und möchte nun im Fernstudium Energieberater werden.

2 **„In meiner Familie wurde erwartet, dass man studiert. Nachdem ich die Arbeit in einer Zimmererwerkstatt kennengelernt hatte, habe ich mich aber anders entschieden.“** ***Alina Horvat***

Alina hat nach ihrem Schulabschluss in Slowenien ein Architekturstudium begonnen. Bei einem Praktikum in einer deutschen Zimmerei wurde ihr vom Meister ein Ausbildungsplatz angeboten und sie hat sich zur Ausbildung als Zimmerin entschlossen. Finanziell war das möglich, weil man als Azubi in der dualen Ausbildung von Anfang an ein Gehalt bekommt. Da Alina bereits 21 war, schon studiert hatte und gut Deutsch sprach, ist ihre Ausbildungszeit außerdem auf zweieinhalb Jahre reduziert worden. Im zweiten Jahr besucht sie ca. zehn Tage pro

W

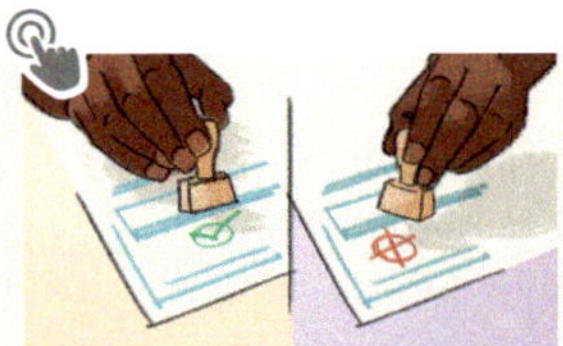

einen Antrag genehmigen / ablehnen

einen Antrag stellen

eine Ausbildung anerkennen

Monat die Berufsschule und arbeitet den Rest der Zeit mit ihren Kolleg:innen im Betrieb oder auf der Baustelle, wo sie den Arbeitsalltag kennenlernt und das theoretische Wissen in die Praxis umsetzen kann. Danach möchte sie weitermachen und auf die Meisterschule gehen und später einmal als Meisterin selbst Azubis unterrichten.

b Arbeiten Sie zu zweit. Person A liest Text 1 und löst die Aufgaben zu Anas, Person B liest Text 2 und löst die Aufgaben zu Alina.

Nomen + isch →	Adjektiv
das Ausland →	ausländisch
die Theorie →	theoretisch

Anas:

1 Ausbildung: in der ………… in Syrien gemacht
2 in Deutschland: zwar ………… und ………… bekommen, aber keine Anerkennung seiner …………, notwendige ………… fehlten
3 in einer praktischen Prüfung ………… bewiesen und ………… besucht
4 positiven ………… erhalten und ein privates ………… bekommen
5 parallel zum Job die ………… absolviert
6 möchte nun im ………… werden

Alina:

1 ………… in Slowenien gemacht und ………… begonnen
2 ………… in einem Betrieb, dort wird ihr ein ………… angeboten
3 Vorteile: bekommt gleich ein …………, ………… reduziert
4 duale …………: zehn Tage pro Monat ………… besuchen, Rest der Zeit im ………… oder auf der ………… arbeiten
5 möchte später auf die ………… gehen

c Lesen Sie die Notizen Ihrer Partnerin / Ihres Partners und ergänzen Sie, wenn nötig.

d Wie finden Sie Anas' und Alinas Entscheidungen? Sprechen Sie im Kurs.

> Ich verstehe, dass Anas' Familie wollte, dass er den Betrieb übernimmt.

> Ja, aber trotzdem ist es gut, das zu machen, was man will. Die Familie kann nicht erwarten, dass Alina …

5 Ihre Ausbildungszeit ist reduziert worden. AB 2–6

a Lesen Sie die Sätze im Text in 4a und ergänzen Sie die Verben in der Tabelle.

Passiv Präteritum			
	Position 2		Ende
Sein Antrag	…………	von der zuständigen Behörde	…………. (Z. 7–9)
Passiv Perfekt			
Ihre Ausbildungszeit	…………	auf zweieinhalb Jahre	…………. (Z. 22–24)

b Ckeckliste: Ein Stipendium beantragen. Arbeiten Sie zu zweit.
PARTNER/IN A → S. 93 PARTNER/IN B → S. 107

eine (Abgabe)Frist versäumen

eine (Abgabe)Frist verlängern

einen positiven Bescheid erhalten

einen negativen Bescheid erhalten

6 Wie wird man ...? AB 7–8

a Sehen Sie das Bild an und lesen Sie den Text zur dualen Ausbildung in Deutschland. Ergänzen Sie dann die Informationen.

Land: *Deutschland*
- Ort der Ausbildung?
- Gehalt / Kosten?
- Dauer?
- Abschlussprüfung?

www.duale-berufsausbildung.org

STARTSEITE | THEMEN | BERUFLICHE SCHULEN | **DUALE BERUFSAUSBILDUNG**

Die duale Berufsausbildung

Die duale Ausbildung findet an zwei Orten parallel statt: Im Betrieb und in der Berufsschule. In der Berufsschule lernen Auszubildende (Azubis) die Theorie über ihren Beruf, im Betrieb setzen sie das Gelernte in die Praxis um.
Je nach Beruf und Wohnort gehen Azubis wöchentlich ein bis zwei Tage in die Schule und arbeiten drei bis vier Tage im Betrieb. Der Unterricht kann aber auch jährlich in mehreren Wochen am Stück zusammengefasst werden.
Normalerweise bekommen Azubis für ihre Arbeit monatlich ein kleines Gehalt vom Betrieb, der Schulbesuch ist gratis.
In der Regel dauert eine duale Ausbildung durchschnittlich drei Jahre und endet mit einer theoretischen und praktischen Abschlussprüfung (Gesellenprüfung). Wenn man die Prüfung bestanden hat, ist man Gesellin oder Geselle.

b Wählen Sie eine Ausbildung, die nicht in Deutschland gemacht wurde. Recherchieren Sie und machen Sie Notizen.

Land: Spanien
Beruf: Köchin / Koch
– Ort der Ausbildung?
– Gehalt / Kosten?
– Dauer?
– Abschlussprüfung?

c Stellen Sie Ihren Ausbildungsberuf vor. Welche Gemeinsamkeiten und Unterschiede gibt es zum dualen Ausbildungssystem in Deutschland?

K

Routinen erklären	etwas vergleichen
In der Regel dauert ...	Ein Unterschied (zu Deutschland) ist, dass ...
Normalerweise ...	Im Gegensatz zu / Im Vergleich zu ...
Sehr oft ist es so, dass ...	... (genau)so wie / ähnlich wie / (ganz) anders als ...
Natürlich ...	Das kann man mit ... (nicht) vergleichen.
Außerdem ...	
Bei uns ist es auch / nicht üblich, dass ...	

Wenn man in Spanien zum Beispiel Köchin oder Koch werden möchte, ist das so ähnlich wie in Deutschland. Man geht in die Berufsschule – es gibt staatliche und private Schulen – und man arbeitet in einem Betrieb. Aber ein Unterschied ist, dass man bei uns circa drei Viertel der Zeit in der Schule verbringt. In der Regel dauert die Ausbildung ...

Extra

Film

SCHNELLTEST LEKTION 19 → S. 53

20

Man braucht nur kurz nachzudenken.

anti_stress_coach.com
11.500 Abonennten **Abonnieren**

03 👍 / 00 👎 + Speichern ...

#Stress #Experiment #Frosch

Kennen Sie das Experiment mit dem Frosch?

Setzt man das Tier in heißes Wasser, springt es sofort heraus. Wenn das Wasser aber zuerst kalt ist und ganz langsam wärmer wird, gewöhnt sich der Frosch an die Temperatur und bleibt sitzen, bis es zu spät ist. Diesen Effekt gibt es auch bei Menschen. Zum Beispiel: Wie gehen Sie mit Stress in Arbeit und Alltag um? Wenn die Aufgaben langsam zunehmen, versuchen wir oft, alles in immer weniger Zeit zu schaffen – bis wir nicht mehr können. **mehr lesen**

Familie Hüllnitz
Onkel Hermann, Tante Susi, Mama

Onkel Hermann
Guten Morgen, ihr Lieben! Habe gerade einen Beitrag im Netz gelesen, der mich zum Nachdenken gebracht hat. Vielleicht ist es ja auch für die eine oder den anderen von euch interessant ... 😉

1 Der Frosch im heißen Wasser AB 1

a Lesen Sie Onkel Hermanns Nachricht und den Post, den er weitergeleitet hat. Was steht im Text? Kreuzen Sie an.

1 Ein Frosch ⬡ bewegt sich nicht ⬡ springt aus dem Glas, wenn sich die Temperatur langsam ändert.

2 Menschen ⬡ akzeptieren es ⬡ machen etwas dagegen, wenn sich ihre Lebenssituation langsam verschlechtert.

4 🔊 02 **b** Hören Sie die Sprachnachricht von Sara. Was sagt sie? Markieren Sie in a. Vergleichen Sie und sprechen Sie dann im Kurs.

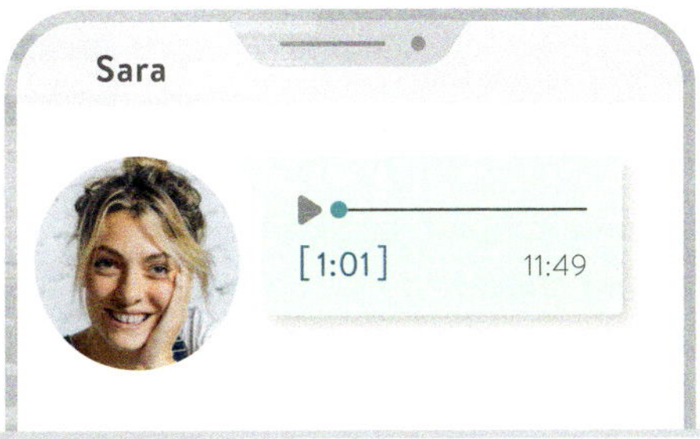

Also Sara sagt, dass ...

Im Text steht ...

LERNZIELE

LESEN: Beitrag in sozialen Medien, Kurznachrichten **HÖREN:** Sprachnachricht, Radiointerview zum Thema *Fake News* **KOMMUNIKATION:** vorsichtig zustimmen: *Ich könnte mir (schon) vorstellen, dass ...* • vorsichtig Zweifel äußern: *Da wäre ich vorsichtig.* • Rechercheergebnisse wiedergeben: *... sagt zu diesem Thema: ...* • etwas bestätigen / korrigieren: *Es ist tatsächlich so, dass ...* **WÖRTER:** Verben zur Meinungsäußerung **GRAMMATIK:** Modalverb *brauchen* + *nicht* / *kein* / *nur* + Infinitiv mit *zu*: *Man braucht nur kurz nachzudenken.* • Konnektoren *ohne (zu / dass)* / *(an)statt (zu / dass) ...*: *Was kann man denn tun, anstatt nur zu warnen?*

2 Was sagt man, wenn ... AB 2

Sehen Sie das Bildlexikon an. Ordnen Sie die Ausdrücke den Verben zu. Es gibt mehrere Möglichkeiten. Sprechen Sie im Kurs.

„Insgesamt kann man sagen, ...“ „Vorsicht!“ „Meiner Meinung nach ...“ „Es ist so: ...“ „Vielleicht ...?“ „Wirklich?!?“ „Richtig ist, ...“ „Da stimme ich zu!“ „Da möchte ich widersprechen.“ „Noch einmal: ...“ „Wenn man die Ergebnisse ansieht, ...“ „Im Vergleich zu ...“ „Siehst du? Jetzt denkst du auch, dass...“

> Um etwas zu behaupten, kann man „Es ist so: ...“ sagen.

> Wenn man diskutiert, ...

+ SCHON FERTIG?
Kennen Sie andere Ausdrücke für die Verben aus dem Bildlexikon?

4 03

3 Warum glauben Menschen „Fake News“?

a Lesen Sie die Ankündigung zur Radiosendung und hören Sie das Interview. Bringen Sie die Fragen aus dem Interview in die richtige Reihenfolge.

www.radioaktuell.org

PROGRAMM MUSIK NACHRICHTEN MEDIATHEK

14:30 „NACHGEDACHT!“
„Fake News“ René Winkler im Gespräch mit Sara Hüllnitz (freie Journalistin) und Jens Pedersen (Medienwissenschaftler)

- ◯ Welche Rolle spielt die Digitalisierung?
- ◯ Glauben besonders Jugendliche falsche Informationen?
- ◯ Was kann man gegen „Fake News“ tun?
- ◯ Welche psychologischen Erklärungen gibt es?
- ◯ Was sind „Fake News“?

b Lesen Sie die Aussagen 1–10 und hören Sie dann noch einmal. Wer sagt das? Ordnen Sie zu: René Winkler = R, Sara Hüllnitz = S, Jens Pedersen = J.

1 ◯ „Fake News“ werden verbreitet, um die Öffentlichkeit durch falsche Informationen zu beeinflussen.
2 ◯ Durch die Digitalisierung verbreiten sich „Fake News“ schneller und erreichen mehr Menschen.
3 ◯ In den „traditionellen Medien“ kann man nicht einfach irgendetwas behaupten.
4 ◯ Besonders Jugendliche informieren sich oft in sozialen Medien und folgen Influencern.
5 ◯ Ob man „Fake News“ glaubt, hängt nicht vom Alter, vom Geschlecht oder von der politischen Überzeugung ab.
6 ◯ Meldungen, die die eigene Meinung bestätigen, hält man gern für wahr.
7 ◯ Je öfter eine Information wiederholt wird, desto eher scheint sie richtig.
8 ◯ Vielen Menschen macht Angst, dass man „wahr“ und „falsch“ verwechseln kann.
9 ◯ „Faktenfinder“ spielen im Kampf gegen „Fake News“ eine wichtige Rolle.
10 ◯ Man sollte den kritischen Umgang mit Medien in allen Altersstufen fördern.

René Winkler

Sara Hüllnitz

Jens Pedersen

analysieren

annehmen / vermuten

behaupten

diskutieren
mit jemandem / über etwas

korrigieren

c Lesen Sie noch einmal die Sätze in 3b. Welcher der Aussagen stimmen Sie zu? Markieren Sie und vergleichen Sie mit Ihrer Partnerin / Ihrem Partner.

> Mir machen „Fake News“ Angst: Was ist in Wirklichkeit passiert? Durch künstliche Intelligenz wird das Problem ja noch größer.

> Ich würde das nicht so pessimistisch sehen. Ich vertraue auf guten Journalismus, besonders auf die Presse.

4 Man braucht nur ein paar Regeln zu befolgen. AB 3–6

4 04 **a** Hören Sie die Ausschnitte aus der Sendung und ergänzen Sie *nicht / kein(e)* oder *nur*.

G

Man braucht .... lange zu suchen, bis man den Fehler findet. Um „Fake News“ zu erkennen, braucht man .... Journalistin zu sein.	= Das ist nicht nötig.
Man braucht eine Lüge .... oft zu wiederholen, dann glaubt man sie irgendwann.	= Nur das ist nötig.

b Formulieren Sie Regeln für den Umgang mit „Fake News“. Was braucht man *nicht / nur* zu tun?

- ✓ die Quellen und das Datum überprüfen
- ✓ Fotos und Videos genau anschauen
- ✓ mit anderen Informationen vergleichen
- ✗ jeden Post zum Thema lesen
- ✓ an allen Infos zuerst einmal zweifeln
- ✗ immer gleich alles weiterleiten
- ✗ Medienwissenschaftler sein
- ✓ die Inhalte checken
- ✓ bei Experten nachfragen
- ✓ die Sprache analysieren
- ✗ alles glauben, was man liest
- ✓ selbst nachdenken

> Man braucht nur die Quellen und das Datum zu überprüfen.

> Man braucht kein Medienwissenschaftler zu sein.

Man braucht nur die Quellen ~~zu~~ überprüfen.
→ Man braucht nur die Quellen überprüfen.

5 *Ohne oder (an)statt?* AB 7

4 05 **a** Hören Sie die Sätze und verbinden Sie.

1 Im Internet werden oft Infos verbreitet,
2 Ich bin einfach nur schockiert,
3 Manche leiten eine Info an ihre Freunde weiter,
4 Was kann man denn tun,

a statt dass ich die Info überprüfe.
b anstatt nur zu warnen?
c ohne dass eine Redaktion sie kritisch diskutiert.
d ohne lange zu überlegen.

b Wie kann man noch sagen? Ergänzen Sie den Satz.

G

				Ende
Manche leiten eine Info an ihre Freunde weiter,	ohne dass	sie	lange	überlegen.
= Manche leiten eine Info an ihre Freunde weiter,	ohne		....	zu ....

auch so: (an)statt dass, (an)statt zu

vergleichen mit

warnen vor

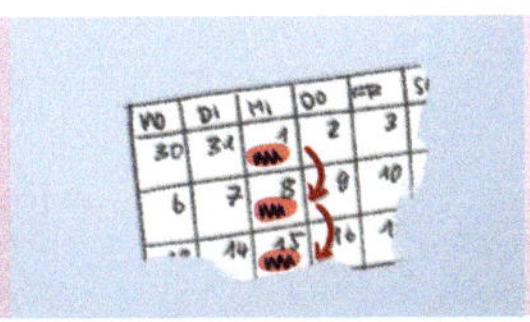
wiederholen

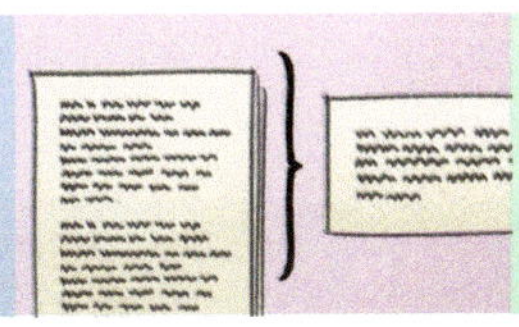
zusammenfassen

zweifeln an

überzeugen von

6 Alltags-Challenges: Was können Sie, ohne …? AB 8

Arbeiten Sie im Kurs. → S. 94

7 (An)Statt um 7:00 Uhr aufzustehen, …

Arbeiten Sie zu zweit. PARTNER/IN A → S. 95 PARTNER/IN B → S. 108

8 Das würde ich lieber mal überprüfen … AB 9

a Kurznachrichten lesen: Arbeiten Sie zu dritt. → S. 96

b Arbeiten Sie mit Ihren Notizen aus a. Stimmt das? Was ist Ihr erster Eindruck? Was meinen Sie? Sprechen Sie in der Gruppe.

> Ohne lange nachzudenken, würde ich sagen, dass das Eis am Nordpol wirklich bald verschwindet.

> Ja. Ich könnte mir auch vorstellen, dass die Eisbären dadurch ein Problem bekommen.

> Aber: Man hat … Das würde ich lieber mal überprüfen. Da wäre ich vorsichtig.

K

vorsichtig zustimmen	vorsichtig Zweifel äußern
Ich könnte mir (schon) vorstellen, dass …	Das kann ich mir ehrlich gesagt nicht vorstellen.
Ohne lange nachzudenken, würde ich sagen, dass …	Das kommt mir ein bisschen komisch vor.
Auf den ersten Blick erscheint mir das (schon) möglich.	Da wäre ich vorsichtig.
	Das würde ich lieber mal überprüfen.

c Arbeiten Sie zu zweit und recherchieren Sie zu einem Thema in a. Stellen Sie dann im Kurs Ihre Ergebnisse vor.

K

Rechercheergebnisse wiedergeben	etwas bestätigen / korrigieren
Wir haben mal ein bisschen zum Thema … recherchiert: …	Es ist tatsächlich so, dass …
Wir haben herausgefunden, dass …	Das stimmt (so) nicht. Tatsache ist, dass …
Zur Frage, ob …, haben wir nichts gefunden.	Es ist zwar richtig, dass …, aber …
Auf der Internetseite von … steht, dass …	
… sagt zu diesem Thema: …	

> Wir haben mal ein bisschen zum Thema Eisbären recherchiert: Auf der Internetseite der Umweltorganisation … steht, dass …

d Vergleichen Sie dann im Kurs mit Ihren Ergebnissen in b. Wer hatte die meisten richtigen Vermutungen?

SCHNELLTEST LEKTION 20 → S. 53

Schule neu denken

21

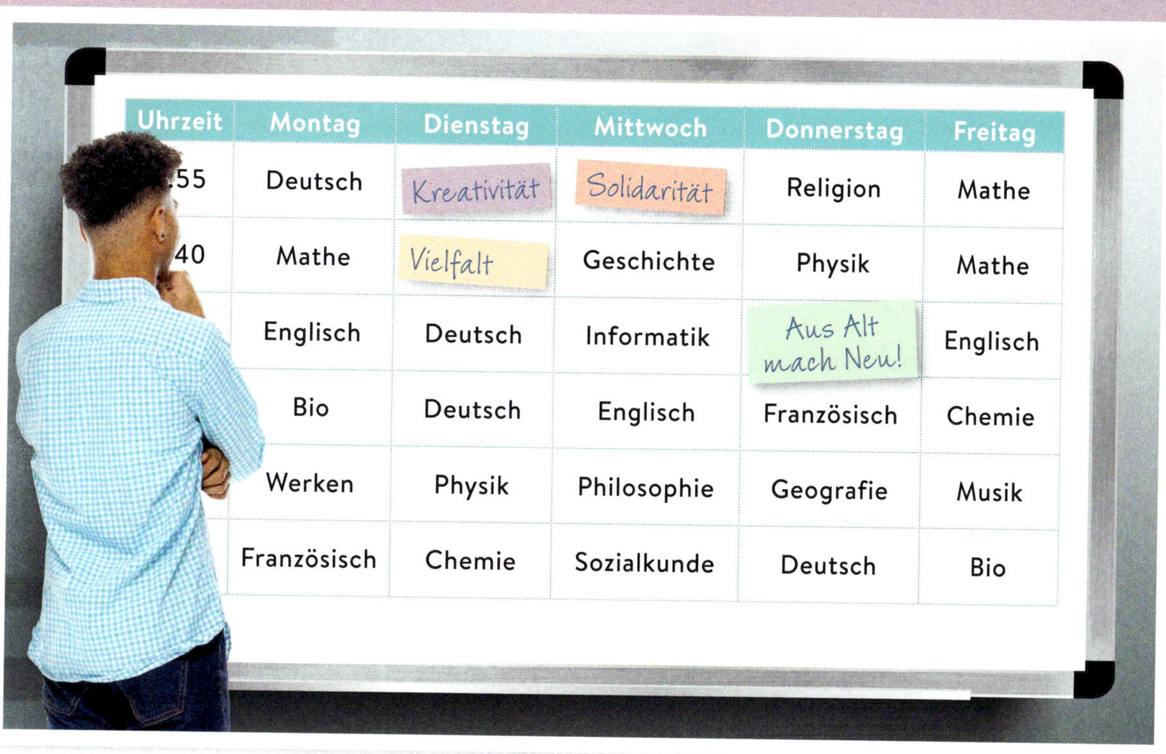

1 Ein perfekter Stundenplan AB 1

a Sehen Sie das Bild an und machen Sie eine „Blitzumfrage" im Kurs:
Was war Ihr Lieblingsfach in der Schule? Hilfe finden Sie auch im Bildlexikon auf Seite 50 – 51.

> Mein Lieblingsfach war eindeutig Sport!

> Echt? Ich habe Schulsport immer gehasst. Obwohl ich eigentlich sportlich bin.

b Schreiben Sie nun Ihren idealen Stundenplan.

MO	DI	MI
Mathe Kreativität Orchester		

Zusammenarbeit · Kritisches Denken · Kreativität · Schau genau! · Aus Alt mach Neu! · Nachhaltigkeit · Gesundheit · Bewegung in der Natur · Geduld · Konzentration · Solidarität · Träumen · Glück · Vielfalt · Finanzen · Wissenschaftliches Arbeiten

LERNZIELE

LESEN: Forumsbeiträge, Grafik zum deutschen Schulsystem **SCHREIBEN:** Forumsbeitrag **KOMMUNIKATION:** Vorschläge machen: *Was hältst du davon, wenn …?* • Gegenvorschläge machen: *Stattdessen könnten wir …* • zustimmen: *Klingt spannend!* • sich einigen: *Na schön, dann …* • eigene Erfahrungen bewerten: *Meiner Erfahrung nach …* • Verbesserungsvorschläge machen: *Wäre es nicht sinnvoll, wenn …?* **WÖRTER:** Schulfächer **GRAMMATIK:** Passiv Präsens mit Modalverb: *Aber wie sollten Erziehung und Bildung gestaltet werden?*

c Arbeiten Sie zu zweit. Vergleichen Sie Ihre Stundenpläne und einigen Sie sich auf einen gemeinsamen Stundenplan.

- ○ Ich finde das Fach „Finanzen“ sehr wichtig. Deshalb gibt es das in meinem Stundenplan am Montag und am Dienstag. Was hältst du davon?
- □ Das ist ein guter Vorschlag! Aber das Fach „Kreativität“ finde ich genauso wichtig, denn ...

K

Vorschläge machen	Gegenvorschläge machen
Könntest du dir das vorstellen? Was hältst du davon, wenn ...?	Stattdessen könnten wir ... Könntest du auch damit leben, wenn ...?
zustimmen	**sich einigen**
Klingt spannend! Das ist ein guter Vorschlag / eine super Idee! Eigentlich hast du recht.	Na schön, dann ... Einverstanden. Okay, lass uns das so machen!

d Stellen Sie Ihren gemeinsamen Stundenplan einem anderen Paar vor.

> In unserem Stundenplan gibt es zwölf verschiedene Fächer. Unserer Meinung nach sollte die Schule die Kreativität fördern, darum ...

2 Forum zum Thema „Schule neu denken“

Lesen Sie den Text und markieren Sie die Antworten auf die Fragen in drei Farben:

a Welche globalen Probleme werden genannt?
b Warum ist Bildung in diesem Zusammenhang so wichtig?
c Was wird gefordert?

www.schuleneudenken.com

SCHULE.NEU.DENKEN

Klimawandel. Künstliche Intelligenz. Massive soziale Ungerechtigkeiten. Die Menschheit steht mittlerweile vor enormen Problemen, die mit den bisherigen Methoden eindeutig nicht mehr gelöst werden können. Wenn wir die Welt von morgen ändern wollen, müssen wir unser Denken von heute ändern. Und dazu müssen wir das Lernen ändern. Das heißt: Unser Umgang mit Bildung muss so schnell wie möglich an die neue globale Situation angepasst werden. Ein großes Umdenken kann selbstverständlich nur erreicht werden, wenn viele Menschen sich gemeinsam und konstruktiv dafür einsetzen. Aber WIE sollten Erziehung und Bildung gestaltet werden? WAS sollte man im Sinne einer umweltfreundlicheren und gerechteren Welt verändern?
Welche Vorschläge, welche Ideen habt ihr denn zu diesem wichtigen Thema? Wir freuen uns sehr auf eure Beiträge!

W

◆ (die) Geografie

◆ (die) Geschichte

◆ (die) Sozialkunde

◆ (das) Latein

◆ (die) Biologie

◆ (die) Physik

3 Aber wie sollten Erziehung und Bildung gestaltet werden? AB 2–6

a Suchen Sie die Sätze im Text in 2 und ergänzen Sie die Tabelle.

G

	Position 2		Ende	
Unser Umgang mit Bildung	muss	an die globale Situation	angepasst werden. (Z. 7–8)	
Ein Umdenken	kann	nur	……,	wenn … (Z. 9–11)
Aber wie	sollten	Erziehung und Bildung	……? (Z. 11–12)	

auch so: wollen, dürfen, … könnten, müssten, … konnten, mussten, …

G

	Ende
Die Menschheit steht vor Problemen, die mit … nicht mehr	…… können. (Z. 2–4)

b Ein Brief an die Schulleitung. Arbeiten Sie zu zweit. → S. 97

4 Einerseits stimme ich zu: …

a Lesen Sie die Beiträge hier und auf Seite 52. Über welche Themen wird gesprochen? Kreuzen Sie an.

- ○ digitale Kompetenz
- ○ Ausstattung der Schulen
- ○ Schulausflüge und Klassenfahrten
- ○ Umgang mit der analogen Welt
- ○ nachhaltige Erziehung
- ○ Ernährung in der Schule
- ○ Schulnoten
- ○ unterschiedliche Schulabschlüsse
- ○ wichtige Fähigkeiten, die erlernt werden sollten

www.schuleneudenken.com/forum

Julia W. **Eine Studie zeigt, dass etwa ein Drittel der Jugendlichen in der achten Klasse nur sehr geringe Kompetenzen in den neuen digitalen Technologien hat. Ich finde das katastrophal! Das werden dann vermutlich die nächsten Verlierer:innen auf dem Arbeitsmarkt sein. Ich denke, wir brauchen unbedingt eine bessere digitale Ausstattung in allen Schulen!**

Derek Muller Einerseits stimme ich zu: Die Ausstattung ist tatsächlich oft sehr schlecht. Andererseits sehe ich in der Technik selbst nicht das Hauptproblem. Die viel wichtigere Frage ist doch: Wie kann man diese Technik richtig nutzen? Zum Beispiel: Wie kann man „Fake News" erkennen? Und wo findet man wirklich sichere und zuverlässige Informationen im Internet?

Ahmad Olimov Digitale Techniken sind notwendig und nützlich, keine Frage. Aber ich habe die große Sorge, dass wir immer mehr den Blick für die analoge Welt verlieren. Ich unterrichte an einer Mittelschule und bin immer wieder schockiert, wie wenig die Kinder und Jugendlichen über das „normale" Leben wissen. Sie haben keine Ahnung, welche Bäume und Büsche in unserem Schulhof stehen. Viele kennen nicht mal die Lebensmittel, aus denen ihr tägliches Essen gemacht wird! Wie sollen die denn herausfinden, was sie für eine umweltgerechtere Welt tun könnten?

◆ (die) Chemie

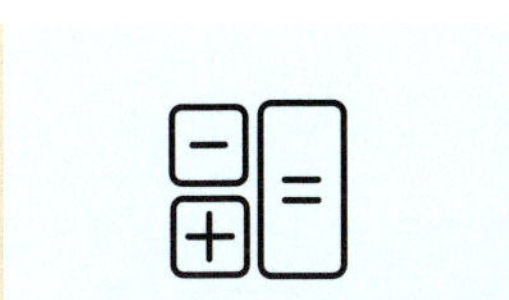
◆ (die) Mathematik

◆ (die) Philosophie

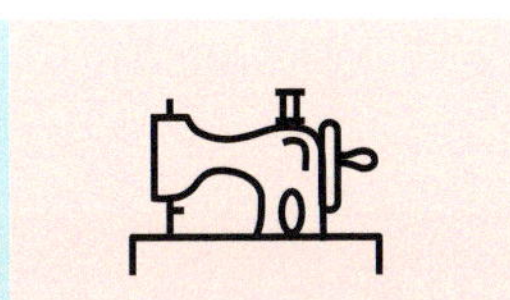
◆ (die) Handarbeit / ◆ (das) Werken

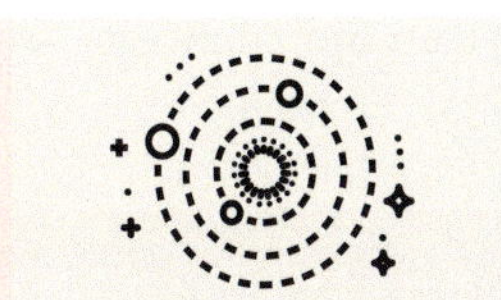
◆ (die) Religion

◆ (die) Informatik

Anita **Ich finde, in unserem Bildungssystem spielt die Konkurrenz eine viel zu große Rolle. Wer kann schneller und mehr lernen? Wer bekommt die besseren Noten? Wer macht den tollsten Schulabschluss? Und wo bleiben Teamgeist, Zusammenarbeit, gemeinsame Ziele? Das wäre doch genau das, was wir im Kampf gegen die Zerstörung unseres Planeten so dringend brauchen, oder?**

Yasemin Meyers Ja, das sehe ich auch so. Und ich denke, dass wir in der Schule mehr Soft-Skills lernen sollten. Zum Beispiel Empathie, Neugier, Teamfähigkeit und *learning by doing*. Ich finde, dass es viel mehr praktische Aufgaben geben sollte, die man dann in Arbeitsgruppen löst. Ich bin sicher, dass man dabei auch den normalen Schulstoff ganz einfach und stressfrei mitlernen kann.

Julian Ich meine, die traditionellen Schulnoten sind schon wichtig. Wir brauchen doch irgendwie auch eine Kontrolle beim Lernen. Und mit den Noten kann ich immer genau sehen, wo ich im Moment stehe und was ich tun muss, damit ich mich verbessern kann.

KOMMENTIEREN

b Lesen Sie noch einmal die Beiträge in a. Arbeiten Sie dann zu dritt: Jede/r notiert Stichpunkte zu jeweils zwei Beiträgen und berichtet dann in der Gruppe.

> Laut Julia hat ein Drittel der Jugendlichen ... Das findet sie katastrophal. Sie meint, dass ...

c Wie finden Sie die Beiträge? Markieren Sie in 4a 👍 oder 👎. Welcher Beitrag hat die meisten 👍 bekommen?

5 Ihr Beitrag zum Forum „SCHULE.NEU.DENKEN" AB 7

a Wählen Sie einen Beitrag aus 4a (Julia W. oder Anita), zu dem Sie etwas schreiben möchten. Machen Sie zunächst Notizen und formulieren Sie dann Ihren Beitrag. Erzählen Sie von Ihren Erfahrungen in Ihrer Schulzeit und machen Sie Verbesserungsvorschläge.

> *Beitrag Julia W.* Ich denke auch, dass die digitalen Kompetenzen sehr wichtig sind. Ich fand es in meiner Schulzeit zum Beispiel nicht so toll, dass Handys nicht erlaubt waren. Das ist meiner Meinung nach nicht so gut und sehr konservativ, denn Handys sind mittlerweile ja ...

K

eigene Erfahrungen bewerten	Verbesserungsvorschläge machen
Meiner Erfahrung nach ... Das finde ich ...	Das könnte man noch verbessern.
Sehr sinnvoll / nützlich fand ich in meiner Schulzeit (auch), wenn wir ...	Wäre es nicht gut / sinnvoll, wenn ...?
Das hat mich begeistert / motiviert / frustriert / ...	Es muss doch toll sein, wenn ...
	Das stelle ich mir wirklich gut vor.

b Hängen Sie Ihren Text im Kursraum auf. Lesen Sie die Beiträge der anderen und verteilen Sie drei Kärtchen mit Ihrem Namen. Sprechen Sie dann im Kurs.

? = Dazu habe ich noch eine Frage.

! = Dazu möchte ich noch etwas sagen.

☺ = Das finde ich besonders interessant!

6 Das deutsche Schulsystem AB 8-9

Arbeiten Sie zu zweit. → S. 98

SCHNELLTEST LEKTION 21 → S. 54

Magazin Lektion 19, 20, 21 → S. 78

LEKTION 19

W Auf der Behörde. Was passt nicht? Streichen Sie.

a einen Antrag ablehnen stellen ~~versäumen~~
b eine Ausbildung stellen anerkennen absolvieren
c eine Frist verlängern abgeben versäumen
d einen positiven Bescheid ablehnen erhalten bekommen
e ein Stipendium genehmigen ausstellen beantragen

...... / 4 Punkte
☺ 3 – 4 Punkte
☹ 0 – 2 Punkte

G Abschlussfest in der Berufsschule

Was ist schon vorbereitet worden? Schreiben Sie Sätze im Passiv Perfekt.

a Der Festsaal der Schule ist schon reserviert worden.

a den Festsaal der Schule reservieren ✓
b Getränke und Snacks kaufen ✓
c die Gäste einladen ✓
d das Programm besprechen ✓
e die Musik aussuchen ✓
f die Dekoration basteln ✓

...... / 5 Punkte
☺ 3 – 5 Punkte
☹ 0 – 2 Punkte

K Wie wird man Koch? Ergänzen Sie.

Ähnlich (a) wie in Deutschland ist es bei uns ü .... (b), dass man zuerst in die Berufsschule geht. N .... (c) dauert das ca. zwei Jahre. Im G .... (d) zu Deutschland arbeitet man aber nicht gleichzeitig. In der R .... (e) macht man nach der Schule zuerst ein Praktikum und sucht dann eine richtige Stelle. Das kann man mit Deutschland nicht v .... (f).

...... / 5 Punkte
☺ 3 – 5 Punkte
☹ 0 – 2 Punkte

LEKTION 20

W Rund um Kommunikation. Verbinden Sie.

1 einen Fehler — d
2 mit Freunden über Fake News
3 die Ergebnisse einer Umfrage
4 an einer Aussage
5 vor Fake News

a warnen
b zweifeln
c diskutieren
d korrigieren
e analysieren

...... / 4 Punkte
☺ 3 – 4 Punkte
☹ 0 – 2 Punkte

G 1 Fake News. Was passt? Kreuzen Sie an.

Fake News zu verbreiten, ist nicht schwer: Sie brauchen ○ nur ○ nicht (a) ein paar einfache Schritte zu machen: Sie brauchen ○ nur ○ nicht (b) lange zu suchen, wählen Sie einfach irgendeine unglaubliche Überschrift. Dann brauchen sie ○ nur ○ nicht (c) noch Ihr kritisches Denken abzuschalten und den Link an alle Ihre Bekannten zu schicken. Fertig!

G 2 Alltagsgewohnheiten. *Ohne* oder *statt*? Ergänzen Sie.

a Ich wache oft auf, ... dass der Wecker klingelt.
b Marek macht sich gern ein gesundes Frühstück, ... nur einen Kaffee zu trinken.
c Juli isst mittags nur ein belegtes Brot, ... dass sie in die Kantine geht.

...... / 6 Punkte
☺ 4 – 6 Punkte
☹ 0 – 3 Punkte

LÖSUNGEN → S. 109

K Wer macht was? Ordnen Sie zu.

1 Rechercheergebnisse wiedergeben: c,
2 vorsichtig Zweifel äußern: ......
3 etwas korrigieren: ......
4 vorsichtig zustimmen: ......

a ○ Ich habe gestern ein aktuelles Video gesehen, das zeigt, wie ein Löwe frei in Berlin herumläuft! Unglaublich, oder? Aber – auf den ersten Blick erscheint mir das schon möglich.
b □ Ein Löwe in Berlin? Das kann ich mir ehrlich gesagt nicht vorstellen.
c ○ Auf der Website des Zoos steht, dass keine Löwen fehlen.
d ○ Zur Frage, wer das Video aufgenommen hat, haben wir nichts gefunden.
e □ Aber es war kein Löwe! Tatsache ist, dass die Leute ein Wildschwein mit einem Löwen verwechselt haben!

...... / 4 Punkte
3 – 4 Punkte
0 – 2 Punkte

LEKTION 21

W Zu welchen Schulfächern passen die Aussagen? Ergänzen Sie.

a „Heute geht es um den Magnetismus, der ...“: Physik
b „Der größte Kontinent der Erde ist ...“: ......
c „In der Pflanzenwelt unterscheiden wir ...“: ......
d „Heute wollen wir über Napoleon sprechen.“: ......
e „18 plus 6 ist ...“: ......

...... / 4 Punkte
3 – 4 Punkte
0 – 2 Punkte

G Bildung muss neu gedacht werden. Ergänzen Sie die Verben in der richtigen Form.

a Bildung muss neu gedacht werden. (müssen / denken)
b Die Erziehung der Kleinsten ...... nicht .... (dürfen / vernachlässigen)
c Die digitale Ausstattung der Schulen ...... noch .... (könnt... / verbessern)
d Der Teamgeist der Schüler:innen ...... besser .... (sollen / fördern)

...... / 3 Punkte
2 – 3 Punkte
0 – 1 Punkte

K 1 Yoga ist ein bisschen langweilig. Ordnen Sie zu.

⬡ Lass uns das machen ⬡ Stattdessen könnten wir
⬡ Könntest du dir das vorstellen ⬡ Eigentlich

○ Ich würde sehr gern mit dir zusammen einen Yogakurs machen. (a)?
□ Hm, ich weiß nicht. Yoga ist ein bisschen langweilig. (b) einen Zumba-Kurs machen. Das ist lustiger.
○ (c) hast du recht. (d)!

K 2 In meiner Schulzeit ... Ordnen Sie zu.

⬡ Das hat mich frustriert ⬡ Das stelle ich mir wirklich gut vor
⬡ Wäre es nicht sinnvoll, wenn ⬡ In meiner Schulzeit

(a) gab es sehr wenig Gruppen- oder Partnerarbeit. (b). (c) die Schülerinnen und Schüler die Aufgaben immer selbstständig bearbeiten würden? (d).

...... / 8 Punkte
5 – 8 Punkte
0 – 4 Punkte

LÖSUNGEN → S. 109

Verben

Passiv Präteritum, Passiv Perfekt und Passiv Präsens mit Modalverb L19, L21

Aktiv Präteritum	Passiv Präteritum				
		werden im Präteritum +		Partizip	
Die Behörde lehnte seinen Antrag ab.	Sein Antrag	wurde	(von der Behörde)	abgelehnt	
Aktiv Perfekt	**Passiv Perfekt**				
		sein		Partizip +	*worden*
Man hat ihre Ausbildungszeit auf zweieinhalb Jahre reduziert.	Ihre Ausbildungszeit	ist	auf zweieinhalb Jahre	reduziert	worden.
Aktiv Präsens	**Passiv Präsens mit Modalverb**				
		Modalverb		Partizip +	*werden*
Aber wie sollte man Erziehung und Bildung gestalten?	Aber wie	sollten	Erziehung und Bildung	gestaltet	werden?
auch so: wollen, dürfen, … könnten, müssten, … konnten, mussten, …					

Sätze und Satzverbindungen

Passiv Perfekt und Passiv Präsens mit Modalverb L19, L21

Passiv Perfekt		
Ist	ihre Ausbildungszeit auf zweieinhalb Jahre	reduziert worden?
Wusstest du,	dass ihre Ausbildungszeit auf zweieinhalb Jahre	reduziert worden ist?
Passiv Präsens mit Modalverb		
Sollten	Erziehung und Bildung neu	gestaltet werden?
Ich finde,	dass Erziehung und Bildung neu	gestaltet werden sollten.

Modalverb *brauchen* + *nicht / kein / nur* + Infinitiv mit *zu* L20

Man braucht nicht lange zu suchen, bis man den Fehler findet. Um „Fake News“ zu erkennen, braucht man keine Journalistin zu sein.	= Das ist nicht nötig.
Man braucht eine Lüge nur oft zu wiederholen, dann glaubt man sie irgendwann.	= Nur das ist nötig.

Konnektoren *ohne (zu / dass)* und *(an)statt (zu / dass)* L20

Hauptsatz	Nebensatz			
				Ende
Ich kann tippen,	ohne dass	ich	die Tastatur	anschaue.
	ohne			anzuschauen.
Ich kann das Geschirr wegräumen,	ohne dass	es jemand		merkt.
	~~ohne zu~~			
Marie sieht den Sonnenaufgang an,	(an)statt dass	sie	um 7:00 Uhr	aufsteht.
	(an)statt			aufzustehen.
Manchmal wird eine Information direkt weitergeleitet	(an)statt dass	eine Redaktion sie kritisch		prüft.
	~~(an)statt zu~~			

G K

Wortbildung

Beruf + *ei* L19

Beruf + ei	→	Ort
der Zimmerer	→	die Zimmerei
der Bäcker	→	die Bäckerei
der Metzger	→	die Metzgerei

Adjektive aus Nomen + *isch* L19

Nomen + isch	→	Adjektiv
das Ausland	→	ausländisch
die Theorie	→	theoretisch

Routinen erklären L19

In der Regel dauert ...
Normalerweise ...
Sehr oft ist es so, dass ...
Natürlich ...
Außerdem ...
Bei uns ist es auch / nicht üblich, dass ...

etwas vergleichen L19

Ein Unterschied (zu Deutschland) ist, dass ...
Im Gegensatz zu / Im Vergleich zu ...
... (genau)so wie / ähnlich wie / (ganz) anders als ...
Das kann man mit ... (nicht) vergleichen.

vorsichtig zustimmen L20

Ich könnte mir (schon) vorstellen, dass ...
Ohne lange nachzudenken, würde ich sagen, dass ...
Auf den ersten Blick erscheint mir das (schon) möglich.

vorsichtig Zweifel äußern L20

Das kann ich mir ehrlich gesagt nicht vorstellen.
Das kommt mir ein bisschen komisch vor.
Da wäre ich vorsichtig.
Das würde ich lieber mal überprüfen.

Rechercheergebnisse wiedergeben L20

Wir haben mal ein bisschen zum Thema ... recherchiert: ...
Wir haben herausgefunden, dass ...
Zur Frage, ob ..., haben wir nichts gefunden.
Auf der Internetseite von ... steht, dass ...
... sagt zu diesem Thema: ...

etwas bestätigen / korrigieren L20

Es ist tatsächlich so, dass ...
Das stimmt (so) nicht. Tatsache ist, dass ...
Es ist zwar richtig, dass ..., aber ...

Vorschläge machen L21

Könntest du dir das vorstellen?
Was hältst du davon, wenn ...?

Gegenvorschläge machen L21

Stattdessen könnten wir ...
Könntest du auch damit leben, wenn ...?

zustimmen L21

Klingt spannend!
Das ist ein guter Vorschlag / eine super Idee!
Eigentlich hast du recht.

sich einigen L21

Na schön, dann ...
Einverstanden.
Okay, lass uns das so machen!

eigene Erfahrungen bewerten L21

Meiner Erfahrung nach ... Das finde ich ...
Sehr sinnvoll / nützlich fand ich in meiner Schulzeit (auch), wenn wir ...
Das hat mich begeistert / motiviert / frustriert / ...

Verbesserungsvorschläge machen L21

Das könnte man noch verbessern.
Wäre es nicht gut / sinnvoll, wenn ...?
Es muss doch toll sein, wenn ...
Das stelle ich mir wirklich gut vor.

Ein politisches Leben

Petra Kelly – deutsche Umwelt- und Friedensaktivistin

1 Was bedeutet das Zitat? AB 1

a Sehen Sie das Bild an und lesen Sie die Sprechblase dazu. Wie verstehen Sie das Zitat? Die Ideen in der Wortwolke helfen. Sprechen Sie mit Ihrer Partnerin / Ihrem Partner.

> Für mich bedeutet diese Aufforderung, dass man selbst aktiv werden soll, wenn man etwas ändern möchte. Mich erinnert das an Konflikte in der Familie: ...

> Interessant! Ich denke bei dem Zitat eher an ...

mutig sein
keine Zweifel haben
den ersten Schritt tun
nicht passiv bleiben
nicht auf den richtigen Moment warten
eine Herausforderung annehmen
sich bewegen
selbst aktiv werden

K

eine Aussage interpretieren	
Für mich bedeutet das, dass ...	Ich denke dabei an ...
Ich verstehe das so: ...	Mich erinnert das an ...

b Lesen Sie die Bildunterschrift. Haben Sie schon einmal von Petra Kelly gehört? Was wissen Sie über sie? Was würden Sie gern erfahren?

LERNZIELE

HÖREN: Podcast über Petra Kelly **LESEN:** Infografik zum politischen System in Deutschland, Infotext zum Alternativen Nobelpreis **KOMMUNIKATION:** eine Aussage interpretieren: *Mich erinnert das an ...* • eine persönliche Einschätzung geben: *Es sieht so aus, als ob ...* • eine/n Preisträger/in beschreiben: *... hat den Preis für ... bekommen* • eine persönliche Bewertung ausdrücken: *Ich bewundere, dass ...* **WÖRTER:** politisches System **GRAMMATIK:** Konnektor *als ob* mit Konjunktiv II der Gegenwart: *Petra Kelly lebt, als ob ihre Tage ... hätten.*

2 Politiker:innen – Wer war …?

a Das politische System in Deutschland. Arbeiten Sie zu zweit. → S. 99

b Arbeiten Sie zu dritt. Lösen Sie das Rätsel und schreiben Sie dann selbst ein Rätsel zu einer Politikerin oder einem Politiker. Hilfe finden Sie im Bildlexikon. Eine andere Gruppe findet die Lösung.

> Er wurde 1913 geboren und war Mitglied der SPD. Von 1933 bis 1945 hat er im Ausland gelebt und einen neuen Namen angenommen. Ab 1966 war er deutscher Außenminister und später Bundeskanzler. Wer war das?

3 Petra Kelly AB 2–3

4 ◀)) 06 **a** Lesen Sie die Ankündigung zum Podcast „Kalenderblatt“ und beschreiben Sie das Bild. Was meinen Sie: Wo ist das Foto aufgenommen? Hören Sie dann die Einleitung des Podcasts und vergleichen Sie mit Ihren Vermutungen.

Petra Kelly – deutsche Umwelt- und Friedensaktivistin, Gründungsmitglied der Partei „Die Grünen“: zu ihrem 75. Geburtstag und zum 30. Todestag

Erinnerung

KALENDERBLATT

> Auf dem Foto sieht man Petra Kelly mit einem Helm. Im Hintergrund sind andere Personen. Ich könnte mir vorstellen, dass …

4 ◀)) 07 **b** Sortieren Sie die Stationen in Petra Kellys Leben chronologisch. Hören Sie dann den Podcast weiter. Wann war das? Notieren Sie die Jahreszahlen.

- ◯ Abschied von der grünen Partei und der deutschen Politik: ……
- ◯ Kindheit in Bayern: * 1947
- ◯ Abgeordnete der Grünen im Bundestag: ab ……
- ◯ Schulzeit und Studium in den USA: zwischen …… und ……
- ③ Beamtin in Brüssel: ab ……
- ◯ Tod: ……

◆ der Bundestag = ◆ das deutsche Parlament

◆ die / ◆ der Abgeordnete

die politischen Parteien Deutschlands

◆ die Partei

◆ die Wahl

◆ die Regierung

4 07 **c** Hören Sie noch einmal. Was ist richtig? Kreuzen Sie an.

1 Petra Kelly ...
- a ○ wächst bei Mutter und Großmutter auf.
- b ○ heiratet einen amerikanischen Soldaten.
- c ○ hat eine ältere Schwester.

2 Schon bevor sie das Politikstudium beginnt, ...
- a ○ macht sie selbst Erfahrungen mit Rassismus.
- b ○ begeistert sie sich für die US-amerikanische Bürgerrechts-Bewegung.
- c ○ engagiert sie sich aktiv im deutschen Wahlkampf.

3 Sie ist Beamtin bei der Europäischen Gemeinschaft; gleichzeitig ...
- a ○ unterrichtet sie an der Universität Amsterdam.
- b ○ setzt sie sich für Frieden und gegen Atomkraft ein.
- c ○ arbeitet sie für das Büro des „Alternativen Nobelpreises“.

4 Zusammen mit anderen gründet Petra Kelly die Partei „Die Grünen“, ...
- a ○ die in den 80er-Jahren zusammen mit der SPD die Regierung bildet.
- b ○ die bei der Bundestagswahl 1983 nicht genug Stimmen bekommt.
- c ○ die einen alternativen Stil von Politik vertritt.

5 Neben der deutschen Politik engagiert sich Petra Kelly weiter global für Umwelt und Menschenrechte ...
- a ○ und ist deshalb auch international sehr bekannt.
- b ○ und muss deshalb viele Kompromisse mit ihrer Partei machen.
- c ○ und verliert deshalb ihren Sitz im deutschen Bundestag.

6 Über Petra Kelly weiß man bis heute nicht genau, ...
- a ○ warum sie den Aktivismus aufgegeben hat.
- b ○ wo sie gestorben ist.
- c ○ warum sie erschossen wurde.

d Was merken Sie sich über Petra Kelly? Was hat Sie überrascht, was hat Sie beeindruckt? Sprechen Sie mit Ihrer Partnerin / Ihrem Partner.

4 Lebe so, als ob ... AB 4–6

4 08 **a** Hören Sie die Sätze und ergänzen Sie die Tabelle.

G

irrealer Vergleich / irreale Vorstellung		
		Ende
Petra Kelly lebt,	als ob ihre Tage 48 Stunden	....
Es sieht aus,	als ob die Grünen-Abgeordneten auf ein alternatives Fest	....

b Bilder beschreiben: Es sieht so aus, als ob ...
Arbeiten Sie zu zweit. → S. 100

c Machen Sie ein Plakat und schreiben Sie die Aufforderungen zu Ende. Welches Motto gefällt Ihnen am besten?

Lebe, ...
... als ob du die Welt verändern könntest.
... als ob jeder Tag ein Fest wäre.
... als ob ...

die Bundeskanzlerin / der Bundeskanzler

die Ministerin / der Minister

die Bundespräsidentin / der Bundespräsident

das Gericht

die Richterin / der Richter

5 Der „Alternative Nobelpreis“ für ... AB 7–9

a Lesen Sie den Text und markieren Sie die wichtigsten Informationen: Wer vergibt den Preis, seit wann? Wer bekommt den Preis, wofür?

https://rightlivelihood.org

Right Livelihood

Der Alternative Nobelpreis

Den „Alternativen Nobelpreis“ (offiziell: Right Livelihood Award) gibt es seit 1980. Er wird von einer privaten Organisation finanziert und jedes Jahr im Herbst, wenige Tage vor den anderen Nobelpreisen, bekannt gegeben. Der Preis geht an einzelne Personen oder Organisationen, die sich für eine gerechtere Welt und ein besseres Leben für alle einsetzen. Anders als bei den „traditionellen“ Nobelpreisen kann jeder eine Person oder eine Organisation für den Preis vorschlagen. Die Idee dabei ist, dass auch kleinere Projekte in der breiten Öffentlichkeit bekannt werden und damit eine internationale Wirkung haben können.

b Wer hat den Preis schon einmal bekommen? Wählen Sie eine Person, recherchieren Sie und machen Sie Stichpunkte zu den drei Fragen.

1 Wer hat den Preis bekommen?
2 Wofür ist sie / er ausgezeichnet worden?
3 Warum haben Sie diese Person ausgewählt?

1 Hassan Fathy, ägypt. Architekt (1900–1989)
2 Entwicklung einer Architektur für die Armen ...

c Bilden Sie ein Kugellager und stellen Sie sich gegenseitig Ihre Ergebnisse vor. Machen Sie Notizen zu den Informationen der anderen.

K

eine/n Preisträger/in beschreiben	eine persönliche Bewertung ausdrücken
... hat den Preis für ... bekommen.	Mich beeindruckt / fasziniert, dass ...
... war eine / einer der Ersten, die / der ...	Ich bewundere, dass / wenn ...
Neu / Das Besondere daran war / ist, dass ...	... gibt mir Hoffnung / macht mir Mut, weil ...
... hatte in ... eine große Wirkung.	
... hatte Einfluss auf ...	

d Welche Personen haben Sie besonders beeindruckt? Warum? Sprechen Sie im Kurs.

Ich habe mir Wangari Maathai notiert, die Wissenschaftlerin aus Kenia, die später außerdem noch den Friedensnobelpreis bekommen hat. ...

SCHNELLTEST LEKTION 22 → S. 69

Was wäre passiert, wenn …?

23

1 Ein erfolgreicher Tag!

4 🔊 09 **a** Sehen Sie das Bild an und hören Sie die Sprachnachricht von Tuncay. Was ist richtig? Kreuzen Sie an.

Heute war ein erfolgreicher Tag für Tuncay, weil …

1 ☒ er viele verschiedene Vogelarten fotografiert hat.
2 ○ er eine schöne Wanderung gemacht hat.
3 ○ er einen Grenzturm besichtigt hat.
4 ○ die Abendstimmung so romantisch ist.
5 ○ die Grenze zwischen der BRD und DDR so gut zu erkennen ist.

W
BRD = Bundesrepublik Deutschland (Westdeutschland)
DDR = Deutsche Demokratische Republik (Ostdeutschland)

b Wann haben Sie zum letzten Mal einen Ausflug oder eine Wanderung in der Natur gemacht? (Wo? Mit wem? Wie lange? Was dort gemacht / gesehen? Was besonders schön?) Sprechen Sie im Kurs.

Ich gehe oft in die Natur. Der letzte schöne Ausflug war vor zwei Wochen. Da bin ich mit meiner Freundin in die Berge gefahren. Wir sind gewandert und hatten einen wunderbaren Ausblick.

2 Die Geschichte einer Grenze

Arbeiten Sie zu zweit. → S. 101

LERNZIELE

HÖREN: Sprachnachricht / Radioreportage zum Grünen Band **KOMMUNIKATION:** sich auf ein Ausflugsziel einigen: *Gut, dann sind wir uns ja einig.* • einen Ausflug planen und Aufgaben verteilen: *Würdest du dich bei … erkundigen?* • ein Ausflugsziel in der Natur beschreiben: *… liegt an der Küste.* **LESEN:** Infotext zur Geschichte der Grenze zwischen BRD und DDR **WÖRTER:** Politik und Geschichte **GRAMMATIK:** Konjunktiv II der Vergangenheit mit *wenn*-Satz: *Wenn hier nicht diese Grenze gewesen wäre, hätte sich die Natur nicht so gut erholt.*

3 Spiel mit Wörtern

Arbeiten Sie in Gruppen. Sehen Sie das Bildlexikon an. Wählen Sie ein Wort und schreiben Sie zu jedem Buchstaben ein Wort, das zum Thema passt.

FREIHEIT
VERSCHIEDEN
BÜRGERIN
GESETZ
DEMOKRATISCH
GRENZE
NEU ANFANGEN

+ SCHON FERTIG?
Wählen Sie noch ein Wort aus dem Bildlexikon.

4 Das Grüne Band AB 1–2

4 🔊 10 **a** Lesen Sie die Ankündigung zur Radiosendung und hören Sie Teil 1 der Reportage. Was ist das Grüne Band? Ergänzen Sie.

www.reisereportagen.de

PROGRAMM MUSIK NACHRICHTEN MEDIATHEK

15:00 Uhr „Reisen durch Landschaft und Geschichte"

Eine Sendung von Markus Wolff

Thema heute: „Das Grüne Band – Naturschutz auf der ehemaligen innerdeutschen Grenze"

Grünes Band
- Breite: 200 Meter (1)
- Länge: .... (2) quer durch Deutschland, von .... (3) nach .... (4)
- fast .... (5) lang: ehemalige .... (6) zwischen BRD und DDR, Sicherheitszone, streng kontrolliert, durfte niemand betreten
- heute: sogar Orchideen blühen, Lebensraum für viele seltene .... (7)

4 🔊 11 **b** Arbeiten Sie in zwei Gruppen. Hören Sie Teil 2 der Radioreportage. Gruppe A achtet auf die Aussagen des Reporters, Gruppe B auf Seite 63 auf die Aussagen der Gäste. Stellen Sie dann Ihre Ergebnisse vor.

Extra

Film

Gruppe A

Was erfahren Sie über die Gäste der Sendung? Ergänzen Sie.

Tuncay Ünal ist .... (1).

Greta Mehringer ist .... (2).

Suszanna Veselá macht ihr Freiwilliges Ökologisches Jahr beim Bund für .... (3) und Naturschutz Deutschland (**BUND**).

Sie machen alle zusammen eine .... (4). Sie wird von .... (5) geleitet.

◆ der Krieg

◆ der Frieden

◆ die Mauer

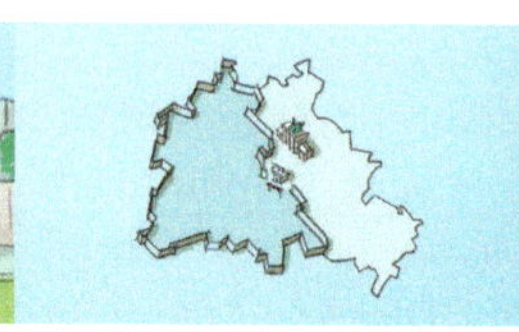
◆ die Grenze

◆ das Denkmal

◆ die Bevölkerun

Gruppe B

Lesen Sie die Sätze. Wer sagt was? Ordnen Sie zu: Tuncay = T, Greta = G, Suszanna = S.
Zwei Aussagen passen nicht = x.

1 ⬡ Die Grenze war schrecklich für die Menschen, aber wichtig für die Pflanzen und Tiere.
2 ⬡x Das Interesse für das Grüne Band hat in den letzten Jahren sehr abgenommen.
3 ⬡ Die Erinnerung an die Geschichte muss immer wachgehalten werden.
4 ⬡ Die Grenztürme zerstören die Naturlandschaft und müssten entfernt werden.
5 ⬡ Der staatliche Schutz des Grünen Bandes ist notwendig.

4 🔊 11 **c** Was ist richtig? Hören Sie noch einmal Teil 2 und kreuzen Sie an.
Korrigieren Sie dann die falschen Sätze.

1 ○ Wildkatzen können sich am Grünen Band ~~leider nicht mehr~~ frei bewegen.
2 ○ Die Dörfer und Häuser der BRD lagen teilweise direkt an der Grenze.
3 ○ Alle Bundesländer haben das Grüne Band zu einem „Nationalen Naturmonument“ erklärt.
4 ○ Auf dem Gebiet des ehemaligen Grenzstreifens gibt es auch Straßen und Industrie.
5 ○ Das Grüne Band gibt es nur in Deutschland.

d Arbeiten Sie zu zweit. Welche Informationen waren besonders interessant für Sie?
Fassen Sie drei wichtige Punkte zusammen und erzählen Sie dann im Kurs.

5 Was wäre gewesen, wenn …? AB 3 – 6

4 🔊 12 **a** Lesen Sie die Sätze und verbinden Sie. Hören Sie dann und vergleichen Sie.

1 Wenn hier nicht diese Grenze gewesen wäre,
2 Wenn mein Urgroßvater das Haus 100 Meter weiter nördlich gebaut hätte,
3 Wenn man das Grüne Band aber nicht staatlich geschützt hätte,

a gäbe es heute noch viel mehr Straßen und Landwirtschaft hier.
b hätte sich die Natur nicht so gut erholt.
c dann hätte es zwischen 1949 und 1989 auf dem Gebiet der DDR gestanden.

b Lesen Sie die Sätze in **a** noch einmal und markieren Sie die Verben.
Ergänzen Sie dann die Tabelle.

> **G** Irreale Bedingungen und ihre Konsequenzen in der Vergangenheit stehen im **Konjunktiv II der Vergangenheit.** Man bildet ihn mit *haben / sein* im Konjunktiv II (wäre , ………) + Partizip (gewesen , ……… , ……… , ……… , ………).

c Zufallsrad: Was wäre passiert, wenn …? Arbeiten Sie zu dritt. → S. 102

d Wir hätten uns nie kennengelernt, wenn … Arbeiten Sie zu dritt. Überlegen Sie sich sechs Situationen und schreiben Sie passende *wenn*-Sätze. Lesen Sie dann im Kurs vor.
Wer hat die lustigsten Situationen gefunden?

> Wir hätten uns nie kennengelernt, …
> wenn du nicht auf die gleiche Universität gegangen wärst.
> wenn du im Kino nicht so laut Popcorn gegessen hättest.
> wenn …

◆ die Zone

◆ das Bundesland

◆ der Protest

◆ die Verfassung

◆ die Revolution

◆ die Freiheit

6 Ab in die Natur! – Gemeinsam einen Ausflug planen AB 7–9

a Arbeiten Sie in Gruppen. Planen Sie für Ihren Kurs einen Ausflug in die Natur. Achten Sie darauf, dass der Ausflug nachhaltig ist. Einigen Sie sich auf ein Ziel in Österreich, Deutschland oder in der Schweiz: Wohin fahren wir? Was ist dort besonders schön?

Ich würde am liebsten an die Ostsee fahren.

Keine schlechte Idee. Ich habe gehört, Zingst ist sehr schön. Dort gibt es einen feinen Sandstrand und schöne Wälder ...

K

sich auf ein Ausflugsziel einigen

Ich würde am liebsten ... Was haltet ihr davon?
Ich habe gehört, dass ... besonders schön ist.
Keine schlechte Idee, aber wie wäre es denn, wenn wir ... oder ...
Das klingt auch gut, meinetwegen können wir ....
Gut, dann sind wir uns ja einig. Wir ... also ...
Abgemacht! Dann ...

b Und wie kommen wir dorthin? Planen Sie nun den Ausflug. Jede/r in der Gruppe übernimmt eine Aufgabe.

- Wie fahren wir? (Bus- / Zugverbindungen, ...)
- Was müssen wir einpacken? (Verpflegung, Ausrüstung, ...)
- Wo übernachten wir? (Campingplatz, preiswertes Hotel, Pension ...)
- Was können wir dort machen?

Also, wir fahren mit dem Zug. Würdest du dich erkundigen, wie wir am besten dorthin kommen?

Das kann ich gern machen. Ich such mal raus, welche Verbindung gut ist.

K

einen Ausflug planen und Aufgaben verteilen

Lasst uns die Aufgaben verteilen.
Würdest du dich bei ... erkundigen?
Hat jemand Lust, ... vorzubereiten / zu besorgen?
Wer kann recherchieren, wo / wie wir am besten / was wir ...?

c Erzählen Sie von Ihrem Ausflug. Zeigen Sie auch Bilder und beschreiben Sie den Ort.

K

ein Ausflugsziel in der Natur beschreiben

... liegt im Norden / an der Küste / in der Nähe von ...
Es gibt (hohe) Berge / (breite) Flüsse / (tiefe) Seen / (dichte) Wälder / ...
Die Landschaft ist sehr abwechslungsreich / ...
Die Gegend ist traumhaft schön / ein Naturparadies.
... ist Lebensraum für zahlreiche Tiere / Pflanzen / Insekten / ...

Wir wollen nach Zingst fahren. Das liegt im Norden an der Ostsee. Die Gegend ist traumhaft schön! Wir würden öffentlich dorthin fahren, mit dem Zug. Wir haben beschlossen zu campen. Denn so können wir die Natur besonders gut erleben.

Ja, genau. Wir könnten Vögel beobachten oder auch mal mit der Fähre nach Hiddensee fahren.

d Welcher Vorschlag hat Ihnen am besten gefallen? Wählen Sie im Kurs ein gemeinsames Ausflugsziel.

SCHNELLTEST LEKTION 23 → S. 69

24

Wahnsinn, wie die Zeit vergeht!

Magdalena, 89

1 Welche Gedanken ...?

Sehen Sie das Bild an und schließen Sie dann die Augen. Welche Gedanken haben Sie zu dem Bild? Sprechen Sie in der Gruppe.

- Welche Gedanken hattest du?
- Die Frau erinnert mich an meine Oma. Sie war ein sensibler und lieber Mensch. Und niemals egoistisch.

2 In einer Woche haben Sie Geburtstag.

4 13 **a** Hören Sie das Interview mit Magdalena. Wie hat sie die Zeit in ihren einzelnen Lebensphasen erlebt? Ordnen Sie zu.

1 Schule und Studium	a nur in der Gegenwart leben
2 Beruf und Familie	b die Zeit läuft davon
3 Alter	c die Zeit bleibt stehen

b Haben Sie Beispiele aus Ihrem Leben zu den beiden Bildern in a?

> Oft in der Arbeit, wenn ich so viel zu tun habe. Dann läuft mir die Zeit davon.

> Als ich das erste Mal verliebt war, hatte ich das Gefühl, die Zeit bleibt stehen, weil es so schön war.

LERNZIELE

HÖREN: Radiointerview mit einer 89-Jährigen **KOMMUNIKATION:** Aussagen über die Zukunft formulieren: *Ich schätze, dass du nächstes Jahr ...* **LESEN / SCHREIBEN:** Beiträge für einen Schreibwettbewerb zum Thema Zeit **WÖRTER:** Zeit **GRAMMATIK:** Vermutungen / Vorhersagen, Vorsätze / Versprechen und Aufforderungen mit Futur I: *Ich denke, es wird wohl eine Feier geben. / Die Urenkelkinder haben versprochen, dass sie singen werden. / Du wirst jetzt dein Zimmer aufräumen!*

4 🔊 13 **c** Hören Sie das Interview noch einmal und ergänzen Sie.

Magdalena (90) hat die Zeit (1) in ihren Lebensphasen ganz unterschiedlich erlebt. Während der .... (2) und des .... (3) wollte sie möglichst schnell vorwärtskommen und nichts ging schnell genug. Später, als sie schon .... (4) und außerdem .... (5) mit drei Kindern war, hat sie sich keine Gedanken über die .... (6) gemacht. Es hat sich jeden Tag so viel ereignet, dass sie nur in der .... (7) gelebt hat. Je älter sie wird, desto mehr hat sie das Gefühl, dass die Zeit zu schnell vergeht. Aber zukünftig möchte sie jeden .... (8) dankbar dafür sein, dass sie den Tag erleben darf. .... (9) feiert sie ihren 90. Geburtstag mit ihrer .... (10). Ihre Urenkelkinder (11) haben versprochen, dass sie ein selbst gemachtes .... (12) für Magdalena singen werden.

3 Und was werden Sie nächste Woche machen? AB 1–4

4 🔊 14 **a** Hören Sie die Sätze und ergänzen Sie *werden* in der richtigen Form.

G

Zukünftiges ***Präsens + Zeitangabe***	*In einer Woche* haben Sie Ihren 90. Geburtstag.
Vermutung / Vorhersage ***Futur I***	1 Und was .... Sie nächste Woche machen, ...? 2 Ich schätze, es .... wohl eine Feier ... geben. 3 Da .... doch sicher viele Gäste kommen!
Vorsatz / Versprechen ***Futur I***	4 Ich .... jeden Morgen dankbar dafür sein, dass ... 5 Die Urenkelkinder haben mir versprochen, dass sie ... singen ....

b Was bringt Ihnen die Zukunft? → S. 103

c Sagen Sie Ihrer Partnerin / Ihrem Partner eine positive Zukunft voraus. Sprechen Sie zu zweit.

1 Dass du in zehn Jahren eine große Erfindung machen wirst, halte ich für sehr wahrscheinlich.

2 Ich verspreche dir, dass du ein befriedigendes und vergnügtes Leben führen wirst.

K

Aussagen über die Zukunft formulieren

Ich schätze, dass du nächstes Jahr / ... Dass ..., halte ich für sehr wahrscheinlich / eher unwahrscheinlich. Dazu gibt es meiner Meinung nach keine Alternative.	Ab morgen / In Zukunft ... Das solltest du dir fest vornehmen. Ich verspreche dir, dass du ...

W

◆ die Ablenkung ◆ der Druck ◆ die Langeweile ◆ der Stress ◆ die Gelassenheit ◆ die Eile / es eilig haben ◆ die Geduld

4 *Geduld oder Eile?* AB 5–6

a Sehen Sie das Bildlexikon an. Welche Wörter passen zu Uhr 1, welche zu Uhr 2? Ordnen Sie zu.

1

2

b Mein „Zeitkreis“. Arbeiten Sie zu zweit. → S. 104

5 Ein Schreibwettbewerb zum Thema „Zeit“

a Lesen Sie den Einleitungstext zum Schreibwettbewerb. Welche Begriffe, Redewendungen und Sprichwörter zum Thema „Zeit“ gibt es in Ihrer Sprache oder in anderen Sprachen, die Sie kennen? Sammeln Sie im Kurs und erzählen Sie.

> Mir fällt „once in a blue moon“ ein. Das bedeutet, dass etwas fast nie passiert.

> Das spanische Wort „tiempo“ heißt auf Deutsch „Zeit“ und „Wetter“.

Nutze deine Zeit! Schreib' was über sie!

Lebenszeit. Arbeitszeit. Freizeit. Haben wir genug Zeit oder läuft uns die Zeit davon? Nutzen wir sie sinnvoll oder können wir nichts mit ihr anfangen?
Egal welche Antwort Sie auf diese Fragen haben, eins ist sicher: Die Zeit spielt in unserem Leben eine besonders wichtige Rolle. Kein Wunder also, dass es auch in der deutschen Sprache viele Begriffe, Redewendungen und Sprichwörter zum Thema „Zeit“ gibt.
Ihre Aufgabe: Wählen Sie eine Redewendung oder ein Sprichwort zum Thema „Zeit“ und schreiben Sie dazu einen kleinen Text.
Er darf ernst sein oder witzig, sachlich oder poetisch, ganz wie Sie wollen!

b Arbeiten Sie in Gruppen. Lesen Sie die vier Beiträge zum Schreibwettbewerb. Wählen Sie dann zwei Beiträge aus und fassen Sie sie in ein bis zwei Sätzen zusammen. Lesen Sie Ihre Zusammenfassung vor. Die anderen raten, um welchen Beitrag es geht.

1 NIMM DIR ZEIT!

Je größer eine Herausforderung ist, desto besser muss man seine Zeit einteilen. Zu viel Druck ist da eher schädlich. Wenn man zum Beispiel auf einen hohen Berg steigen will, hat es ja auch keinen Sinn, sich die ganze Zeit zu hetzen. Keine Eile! Keinen Stress! Geduld und Gelassenheit sind sehr wichtig! Lieber mal langsam gehen oder eine Pause machen. Sonst ist man schnell erschöpft! *Vicent*

2 Mehr Zeitgerechtigkeit bitte!

„Die Stunden sind für den Menschen da und nicht der Mensch für die Stunden“, sagte der französische Schriftsteller und Arzt François Rabelais vor etwa 500 Jahren. Für viele Menschen von heute sieht die Wirklichkeit leider anders aus. Sie haben stressige Jobs, müssen zehn Stunden am Tag arbeiten und können sich kaum erholen. Weil sie für ihre Arbeit oft nur wenig Geld bekommen, müssen sie sich auch noch um ihren Lebensunterhalt Sorgen machen. Das finde ich extrem ungerecht! *Tülay*

sich hetzen | sich verspäten | sich erholen | erschöpft sein | vergnügt sein | sich Sorgen machen | sich amüsieren

3 „Hast du mal 'ne Sekunde Zeit für mich?“, hat mich gestern eine Kollegin aus einer anderen Abteilung gefragt. „Na klar!“, hab ich gesagt. Das war ein Fehler! Die Frau hat mich fast 'ne Viertelstunde lang mit langweiligem Blödsinn zugetextet. Irgendwann habe ich gesagt: „Sorry, ich habe es eilig. Ich hab' gleich 'nen Termin. Ich muss los, sonst verspäte ich mich.“ Sie hat mir nicht mal zugehört. Sie hat einfach weitergeredet. Also, mit der spreche ich sicher kein Wort mehr! *Francesco*

4 Was für eine Zeitverschwendung!
Was tun die meisten Leute, wenn sie irgendwo warten müssen? Sie holen ihr Handy aus der Tasche! Ich mache das auch. Warum brauche ich diese Ablenkung? Weil ich mit meiner Langeweile nicht klarkomme? Weil ich keine eigenen Ideen habe, über die ich nachdenken könnte? Weil ich mich nicht mit fremden Leuten unterhalten will? Warum eigentlich nicht? Das wäre vielleicht interessanter als so 'ne blöde Smartphone-App. *Teresa*

> In meinem ersten Beitrag geht es um die Kommunikation mit ...

> Das ist Beitrag ..., richtig?

c Welcher Beitrag gefällt Ihnen am besten? Warum? Sprechen Sie im Kurs.

> Ich finde den Beitrag „Was für eine Zeitverschwendung!“ sehr interessant. Ich kenne das auch: Wenn ich nur eine Minute warte, dann ...

6 Ihr Beitrag für den Schreibwettbewerb

a Arbeiten Sie zu zweit. Wählen Sie eine Redewendung aus den Texten in 5b oder aus der Wortwolke und schreiben Sie einen kurzen Beitrag.

b Hängen Sie Ihren Text im Kursraum auf. Machen Sie einen Kursspaziergang, lesen Sie die Texte und vergeben Sie für jeden Beitrag 1 bis 3 Punkte. Welcher Text hat die meisten Punkte?

Stehlt mir nicht meine Zeit!
Zeit ist Geld!
Freizeit ist die schönste Zeit!
Man sollte sich seine Zeit klug einteilen.
Wir müssen Zeit sparen!
Nutze deine Zeit!
Dafür investiere ich keine Zeit.
Mir läuft die Zeit davon!
Ich möchte gern eine Auszeit nehmen.
Ich hätte gern eine Zeitmaschine.

7 Zum Abschied: „ZEIT zum Mitnehmen“. AB 7–9

Machen Sie einen Zettel wie im Beispiel und schreiben Sie „Gutscheine“: Jede/r darf einen „Gutschein“ mitnehmen.

ZEIT zum Mitnehmen

Einen Nachmittag Aprikosen-marmelade kochen mit Susan

Eine Stunde online Deutsch üben mit Frederic

Einen Cappuccino trinken mit Luise

Einen Abend Quatsch machen mit Pearl

Ein Drink um Mitter-nacht mit Adam

Wunder-kerzen anzünden mit Piotr

Bonbons kaufen gehen mit Charlotte

SCHNELLTEST LEKTION 24 → S. 70   Magazin Lektion 22, 23, 24 → S. 80

LEKTION 22

W Das politische System. Bilden Sie Wörter und ergänzen Sie.

Ab Bun dent des Ge ge gie ne ord prä Re richt rung si ten

a Bundeskanzler:in und Minister:innen bilden zusammen die ………………………………………… .

b Richterinnen und Richter arbeiten bei einem ………………………………………… .

c Alle ………………………………………… einer Partei sitzen im Parlament zusammen.

d Der oder die …………………………………………:in wird in Deutschland nicht direkt von den Bürger:innen gewählt.

……… / 4 Punkte
☺ 3 – 4 Punkte
😐 0 – 2 Punkte

G Es sieht so aus, … Schreiben Sie Sätze mit *als ob*.

a Bist du müde? (Es sieht so aus, …)

b Kann sie nicht lachen? (Man hat den Eindruck, …)

c Ist er glücklich? (Ich habe nicht das Gefühl, …)

d Haben sie keine Zeit? (Es wirkt so, …)

a Es sieht so aus, als ob du müde wärst.

……… / 3 Punkte
☺ 2 – 3 Punkte
😐 0 – 1 Punkte

K Eine Preisträgerin beschreiben. Ergänzen Sie.

Wangari Maathai hat 1984 den „Alternativen Nobelpreis" und 2004 den Friedensnobelpreis b e k o m m e n (a). Sie hat 1977 eine Umweltschutzorganisation gegründet, bei der Frauen in trockenen Gebieten neue Bäume pflanzten. Wangari Maathai war in Afrika eine der E………… (b), die Umweltschutz mit Frauenpolitik verbunden hat. Die Initiative hatte über Kenia hinaus eine große W………… (c): Mich be………… (d), dass sie mit der Idee so viele Menschen für aktiven Umweltschutz begeistern konnte. Das gibt mir H………… (e), weil wir mit solchen Initiativen eine bessere Welt gestalten können.

……… / 4 Punkte
☺ 3 – 4 Punkte
😐 0 – 2 Punkte

LEKTION 23

W Fragen und Antworten zu Deutschland. Ordnen Sie zu. Zwei Wörter passen nicht.

~~Bevölkerung~~ Frieden Verfassung Bundesländer Denkmal Revolution Grenze

a ○ Wie groß ist die Bevölkerung von Deutschland? – ▫ Über 84 Millionen Menschen.

b ○ Wie viele ………………… hat Deutschland heute? – ▫ 16.

c ○ Seit wann gibt es in Deutschland …………………? – ▫ Seit 1945.

d ○ Wie lang war die innerdeutsche …………………? – ▫ 1.400 km.

e ○ Welches Natur-………………… erinnert an DDR und BRD? – ▫ Das Grüne Band.

……… / 4 Punkte
☺ 3 – 4 Punkte
😐 0 – 2 Punkte

G Was wäre passiert, wenn …? Ergänzen Sie die Verben in der richtigen Form.

a Wenn ich letzte Woche nicht so viel gearbeitet hätte, hätte ich keine Kopfschmerzen bekommen. (arbeiten / bekommen)

b Wenn ich keine Kopfschmerzen …………………, dann ………………… ich auch nicht zum Arzt …………………. (haben / gehen)

LÖSUNGEN → S. 109

c Wenn ich nicht beim Arzt .... , dann .... ich Tina dort nicht .... (sein / kennenlernen)

d Wenn wir danach nicht zusammen einen Ausflug .... , dann .... wir uns nicht .... (machen / sich verlieben)

...... / 6 Punkte
4 – 6 Punkte
0 – 3 Punkte

Ein gemeinsamer Ausflug. Sortieren Sie.

- ◯ ▫ Abgemacht! Dann fahren wir an den Schliersee. Kannst du recherchieren, wo wir am besten übernachten?
- ◯ ▫ Natürlich. Und ich besorge auch gleich die Tickets.
- ◯ ○ Das klingt auch gut, meinetwegen können wir auch dorthin fahren.
- (1) ○ Ich würde am Wochenende am liebsten an den Chiemsee fahren. Was hältst du davon?
- ◯ ○ Klar, das kann ich gern machen. Würdest du dich dann erkundigen, wie wir am besten dorthin kommen?
- ◯ ▫ Keine schlechte Idee, aber wie wäre es denn, wenn wir an den Schliersee fahren? Dort soll es besonders schön sein!

...... / 5 Punkte
3 – 5 Punkte
0 – 2 Punkte

LEKTION 24

Ruhe oder Stress? Was passt nicht? Streichen Sie.

a Stress: ~~sich amüsieren~~ die Gelassenheit erschöpft sein sich Sorgen machen

b Ruhe: die Eile sich hetzen vergnügt sein sich erholen

...... / 3 Punkte
2 – 3 Punkte
0 – 1 Punkte

Ergänzen Sie die Verben im Futur.

besuchen werden machen ~~fliegen~~ reisen

- ○ Nächstes Jahr werde ich für sechs Monate nach Argentinien fliegen. (a)
- ▫ Wow! Und was .... du dort .... ? (b)
- ○ Ich .... dort einen Spanischkurs .... (c) und ich .... hoffentlich auch ein bisschen .... (d).
- ▫ Ach, das .... sicher eine ganz tolle Zeit .... (e)

...... / 4 Punkte
3 – 4 Punkte
0 – 2 Punkte

Welche Antwort passt? Kreuzen Sie an.

1 ○ Ich glaube, ich werde diesen Job niemals bekommen!
  a ▫ Dazu gibt es meiner Meinung nach keine Alternative. ◯
  b ▫ Mach dir keine Sorgen! Dass du den Job nicht bekommst, halte ich für eher unwahrscheinlich. ◯

2 ○ Petra wird mich sicher doch nicht heiraten!
  a ▫ Das solltest du dir fest vornehmen! ◯
  b ▫ Ich verspreche dir, dass du bald glücklich verheiratet sein wirst! ◯

3 ○ Ich fürchte, ich werde das Studium nicht schaffen!
  a ▫ Ich schätze, dass du nächstes Jahr deine Prüfung machst. ◯
  b ▫ Das scheint mir realistisch. ◯

...... / 3 Punkte
2 – 3 Punkte
0 – 1 Punkte

LÖSUNGEN → S. 109

Verben

Konjugation: Konjunktiv II der Vergangenheit mit *haben* und *sein* L23

	haben im Konjunktiv II +	Partizip	sein im Konjunktiv II +	Partizip
ich	hätte	erholt, gebaut, geschrieben, geschützt, …	wäre	gegangen, gewesen, …
du	hättest		wär(e)st	
er / es / sie	hätte		wäre	
wir	hätten		wären	
ihr	hättet		wär(e)t	
sie / Sie	hätten		wären	

Irreale Bedingungen und ihre Konsequenzen in der Vergangenheit stehen im **Konjunktiv II der Vergangenheit.**
Wenn hier nicht diese Grenze gewesen wäre, hätte sich die Natur nicht so gut erholt.

Konjugation: Futur I L24

	werden +	Infinitiv
ich	werde	machen, gehen, kommen, …
du	wirst	
er / es / sie	wird	
wir	werden	
ihr	werdet	
sie / Sie	werden	

Im Deutschen wird das **Präsens + Zeitangabe** (*morgen, am Wochenende, …*) verwendet, wenn man über Zukünftiges spricht, das sicher passiert.
In einer Woche haben Sie Ihren 90. Geburtstag.

Das **Futur I** benutzt man im Deutschen bei:

Vermutungen / Vorhersagen	Ich schätze, es wird wohl eine Feier … geben. Da werden doch sicher viele Gäste kommen!
Vorsätzen / Versprechen	Ich werde jeden Morgen dankbar dafür sein, dass … Die Urenkelkinder haben mir versprochen, dass sie … singen werden.
Aufforderungen	Du wirst jetzt dein Zimmer aufräumen!

Sätze und Satzverbindungen

Konnektor *als ob* mit Konjunktiv II der Gegenwart L22

irrealer Vergleich / irreale Vorstellung		
Hauptsatz	**Nebensatz**	
		Ende
Petra Kelly lebt,	als ob ihre Tage 48 Stunden	hätten.
Es sieht aus,	als ob die Grünen-Abgeordneten auf ein alternatives Fest	gehen würden.

Konjunktiv II der Vergangenheit mit *wenn*-Satz L23

Irreale Bedingungen in der Vergangenheit		
Wenn hier nicht diese Grenze	gewesen wäre,	(dann) hätte sich die Natur nicht so gut erholt.
Wenn ich mehr für die Prüfung	gelernt hätte,	(dann) hätte ich sie vielleicht bestanden.

eine Aussage interpretieren L22

Für mich bedeutet das, dass ...
Ich verstehe das so: ...
Ich denke dabei an ...
Mich erinnert das an ...

eine persönliche Einschätzung geben L22

Es sieht (nicht) so aus / Es wirkt (nicht) so, als ob ...

Ich habe / Man hat (nicht) den Eindruck / das Gefühl, als ob ...

eine/n Preisträger/in beschreiben L22

... hat den Preis für ... bekommen.
... war eine / einer der Ersten, die / der ...
Neu / Das Besondere daran war / ist, dass ...
... hatte in ... eine große Wirkung.
... hatte Einfluss auf ...

eine persönliche Bewertung ausdrücken L22

Mich beeindruckt / fasziniert, dass ...

Ich bewundere, dass / wenn ...

... gibt mir Hoffnung / macht mir Mut, weil ...

sich auf ein Ausflugsziel einigen L23

Ich würde am liebsten ... Was haltet ihr davon?

Ich habe gehört, dass ... besonders schön ist.

Keine schlechte Idee, aber wie wäre es denn, wenn wir ... oder ...

Das klingt auch gut, meinetwegen können wir ....

Gut, dann sind wir uns ja einig. Wir ... also ...
Abgemacht! Dann ...

einen Ausflug planen und Aufgaben verteilen L23

Lasst uns die Aufgaben verteilen.

Würdest du dich bei ... erkundigen?

Hat jemand Lust, ... vorzubereiten / zu besorgen?

Wer kann recherchieren, wo / wie wir am besten / was wir ...?

ein Ausflugsziel in der Natur beschreiben L23

... liegt im Norden / an der Küste / in der Nähe von ...
Es gibt (hohe) Berge / (breite) Flüsse / (tiefe) Seen / (dichte) Wälder / ...
Die Landschaft ist sehr abwechslungsreich / ...
Die Gegend ist traumhaft schön / ein Naturparadies.
... ist ein Lebensraum für zahlreiche Tiere / Pflanzen / Insekten / ...

Aussagen über die Zukunft formulieren L24

Ich schätze, dass du nächstes Jahr / ...
Dass ... halte ich für sehr wahrscheinlich / eher unwahrscheinlich.
Dazu gibt es meiner Meinung nach keine Alternative.
Ab morgen / In Zukunft ...
Das solltest du dir fest vornehmen.
Ich verspreche dir, dass du ...

Magazin

HÖREN

1 Sehen Sie das Bild an und lesen Sie den Text und die Wortwolke. Was meinen Sie? Wie sollte ein Bedienungsroboter sein? Markieren Sie in der Wortwolke in zwei Farben: Das kann er sicher super. / So ist er. / Damit hat er sicher Schwierigkeiten. Sprechen Sie dann zu zweit.

> Also, er ist sicher auf jeden Fall höflich und nett.

> Ja, und ich denke, er kann auch Tipps geben.

4 15 **2** Wie ist der Roboter? Hören Sie und vergleichen Sie mit Ihren Vermutungen in 1. Sprechen Sie dann mit einem anderen Paar.

> Also, höflich ist er schon, finde ich.

> Und er kann auch Tipps geben. ...

3 Rollenspiel: Sie sind in einem Restaurant / Café. Der Bedienungsroboter hat ein Problem. Wählen Sie ein Problem. Schreiben Sie zu viert ein ähnliches Gespräch und spielen Sie dann.

- □ So hier ist Ihr Essen!
- ◇ Oh. Dankeschön, aber das haben wir gar nicht bestellt.
- △ Wir haben ...
- □ Tut mir leid. Das ist mir jetzt total peinlich. Entschuldigung. Ich hab Sie mit Tisch 7 verwechselt.
- ○ Moment mal. Ich kümmere mich darum ...

Fast wie ein Mensch

Roboter als Bedienung

Roboter sind in vielen Situationen bereits Teil unseres Lebens: Sie bauen Autos zusammen, führen Gespräche und machen für uns Musik oder die Heizung an. Sie kümmern sich um ältere Menschen und bedienen in Restaurants. Bald werden sie dabei nicht mehr aussehen wie große Plastik-Spielzeuge auf Rollen mit eingebautem Bildschirm, sondern genauso wie Menschen. Auch ihre Sprache und ihr Verhalten wird uns immer ähnlicher.

genauso wie ein Mensch aussehen
lachen
Speisen und Getränke bringen
Tipps / Empfehlungen und Informationen zum Essen geben
Gefühle zeigen
Fragen beantworten
sprechen
Spaß verstehen
Bestellungen aufnehmen
höflich und nett sein
...
witzig sein

WISSENSCHAFT IM ALLTAG

Warum wir Videos von süßen Tieren so sehr lieben

Ein Beitrag von Sarah El-Gindi, Psychologin an der Universität Berlin

1 Wer sieht zwei Kätzchen nicht gern dabei zu, wenn sie spielen? Oder kleinen Affen, wenn sie durch die Bäume springen? Oder einem Hundebaby, wenn es die Welt entdeckt? – Videos von süßen Tieren im Internet werden millionenfach geklickt. Menschen sitzen stundenlang vor dem Bildschirm und schauen ein Video nach dem anderen. Warum wir so gern kleine Tiere ansehen, ist einfach zu beantworten: Es liegt in der Natur des Menschen.

2 Bestimmte Merkmale an menschlichen Babys, wie zum Beispiel die großen Augen und der relativ große Kopf, führen dazu, dass in Erwachsenen ein automatisches Programm gestartet wird. Sie möchten die Babys anfassen, sich um sie kümmern und sie beschützen. Nur so können kleine Kinder überleben. Viele kleine Tiere haben die gleichen Merkmale im Aussehen und lösen die gleichen Reaktionen aus. Denn auch sie haben große Augen oder einen relativ großen Kopf. Das finden wir ganz besonders niedlich. Genauso wie eine kleine Nase und kleine Ohren.

3 Es gibt aber noch andere Gründe, warum so viele Menschen diese Videos lieben. Wissenschaftliche Studien haben gezeigt: Nachdem Menschen Tiervideos geschaut haben, fühlen sie sich weniger gestresst. Das überrascht nicht. Denn diese Videos lassen uns den Alltag vergessen. Sie nehmen uns mit in eine schöne und lustige Welt. Aus anderen Studien weiß man: Im Gehirn wird der Stoff Dopamin produziert, wenn wir Videos von niedlichen Tieren ansehen. Das macht ein kurzes Glücksgefühl. Weil es aber nur kurzzeitig ist, wollen wir mehr davon. Deshalb schauen wir sofort das nächste Video und das nächste und das nächste.

4 Die Beliebtheit der Tiervideos hat auch eine soziale Seite. Denn wir leiten die Videos gern an Freunde und Familie weiter, reden und lachen gemeinsam über die niedlichen Tiere. So teilen wir positive Gefühle und das stärkt unsere Verbindung zu anderen Menschen. Und es gibt noch etwas: Auf der ganzen Welt geht es den Menschen ähnlich: Sie sind begeistert, wenn sie sehen, wie ein kleiner Hase ein Salatblatt isst oder ein kleines Schaf über eine Wiese läuft. Man kann sagen: Die Videos von niedlichen Tieren sprechen eine universelle Sprache. Meistens ganz ohne Worte.

LESEN

1 Lesen Sie die Überschrift und sehen Sie die Fotos an. Sehen Sie gern Tierfotos oder -videos in sozialen Netzwerken an? Warum (nicht)? Sprechen Sie im Kurs.

> Naja. Tierfotos finde ich nicht so spannend. Sind mir eher egal.

> Oja! Und wie! Ich liebe Hundebabys und könnte stundenlang Hundevideos anschauen.

2 Arbeiten Sie zu zweit. Lesen Sie den Text. Partner/in A liest die Abschnitte 1 + 2, Partner/in B die Abschnitte 3 + 4. Wie finden Sie die Informationen?

> Also, es ist sogar wissenschaftlich bewiesen, dass Tierfotos glücklich machen. Das Gehirn ... Total interessant!

> Echt? Wirklich interessant!

3 Was machen Sie in sozialen Netzwerken, um den Alltag zu vergessen? Sprechen Sie zu viert und präsentieren Sie dann Ihre Tipps im Kurs.

> Ich schau mir oft Kochvideos an. Wir haben auch eine Familiengruppe. Da leite ich immer die Tipps weiter. Manchmal probieren wir die Rezepte auch zusammen aus und kochen sogar online.

HÖREN

1 Sehen Sie die Bilder an und lesen Sie den Text. Was ist das Problem? Warum? Nennen Sie die Gründe.

4 🔊 16 **2** Arbeiten Sie zu zweit. Hören Sie den ersten Teil der Reportage. Partner/in A notiert Informationen zu „IT for future" und Partner/in B zu „Anna Schmidt". Tauschen Sie. Hören Sie dann noch einmal und ergänzen Sie.

IT for future
- Programmierkurse

Anna Schmidt
- hat Informatik studiert

4 🔊 17 **3** Hören Sie die Reportage zu Ende und ergänzen Sie dann die Informationen zu den beiden Frauen.

4 Kennen Sie weitere Stereotype zu Jungen und Mädchen?

a Wofür interessieren sich Mädchen und Jungen nicht? Was meinen Sie? Machen Sie zu zweit Notizen.

Jungen	Mädchen
Nähen, Stricken, ...	Autos, Video- und Computerspiele
...	...

b Sprechen Sie dann mit einem anderen Paar.

> Ein Stereotyp ist, dass Mädchen sich nicht so sehr für Autos interessieren.

5 Arbeiten Sie zu dritt. Recherchieren Sie über M. Hamilton oder A. Lovelace. Präsentieren Sie dann im Kurs.

> Stellt euch vor, Ada Lovelance durfte nicht studieren. ...!

Mädchen der 4. Klasse in einem Computerkurs von *IT for future*

Die Programmiererinnen von gestern und morgen

Wussten Sie, dass eine Frau das erste Rechenprogramm geschrieben hat, das man mit heutigen Computerprogrammen vergleichen kann? Und auch in der Anfangszeit der elektronischen Computer gab es bedeutende Frauen, die diese programmiert haben. Erstaunlich, dass es oft heißt: Mädchen interessieren sich nicht für Technik und Computer. Das tun sie auch heute noch. Wenn sie noch klein sind, finden genauso viele Mädchen wie Jungen das Thema interessant. Doch: Je älter sie werden, desto mehr nimmt das Interesse ab. Das hat verschiedenen Gründe: Stereotypen, keine Vorbilder, eine Umgebung, die ihnen sagt, dass sie es nicht können. All das haben Forschende herausgefunden. Initiativen nur für Mädchen wollen das ändern und wieder mehr Mädchen für Informatik und Computer begeistern.

Ada Lovelace,

................................,

programmierte .... das erste Rechenprogramm.

Margaret Hamilton,

................................,

programmierte .... die Flugsoftware für die Landung auf dem Mond.

„Ich mach das mit links“

In Hip-Hop-Songs geht es normalerweise um teure Klamotten, Geld und schöne Frauen. Beim Berliner Rapper Graf Fidi ist das ganz anders.

Er rappt über den Alltag von Menschen mit Behinderung, über ie Reaktion der Leute und die Vorrteile. Hans-Friedrich Baum, so der ichtige Name des Rappers, hat am echten Arm nur einen Finger und ine Gehbehinderung. Er kann ur kurze Strecken laufen und wenige reppenstufen steigen. Für längere trecken benutzt er einen Rollstuhl der ein Fahrrad mit drei Rädern. n seinen Videos sieht man keine roßen Autos, sondern zum Beispiel, vie er auf seinem dreirädrigen Fahrrad angsam durch die Straßen Berlins ährt und wie er im Song „friendly ripple“ rappt: „Ich bin kein verbitterer Behinderter, eher so der Lebemann on nebenan, mit dem man was rleben kann“ und „Ich setz mich ein, ring Inklusion zur Diskussion“. Inkluion bedeutet, dass alle Menschen am eben in der Gesellschaft teilnehmen lürfen, ganz egal, wie sie aussehen, velche Sprache sie sprechen oder ob ie eine Behinderung haben. Das ist die Botschaft von Graf Fidi.

Rapmusik hat er mit 16 Jahren durch einen besten Freund entdeckt und var sofort begeistert. „Mir war schnell lar, dass ich auf diese Art am besten urückschlagen kann“, sagt Graf Fidi. Rap-Texte zu schreiben, war für mich damals wie Tagebuchschreiben.“ In dem Song „Mitten im Leben leben“ verarbeitet er zum Beispiel, dass er in der Schule wegen seiner Behinderung gemobbt wurde.

Graf Fidi, ein Rapper mit Botschaft

Seine Karriere als Rapper kam erst richtig in Fahrt, als er im Bachelor Soziale Arbeit studierte. An seiner Fachhochschule ärgerte er sich ständig, dass man nur über Treppen in den großen Vorlesungssaal kam. Er kontaktierte die Leitung der Hochschule und schlug vor, einen Aufzug einzubauen. Unmöglich, hieß es dort, kein Geld. Über seinen Ärger hat er einen Song geschrieben und mit Freundinnen und Freunden dazu ein witziges Video gedreht. Darin rappt er zum Beispiel: „Ich steh vor der Treppe, da oben geht es zum Audimax. Ich habe gleich eine Vorlesung, ich muss da rauf, verdammt. Ich schau mich um, ein Fahrstuhl ist hier Fehlanzeige.“ Verbreitet hat er das Video über das Internet. Kurze Zeit später wollte der Direktor doch mit ihm reden – und letzten Endes wurde ein Fahrstuhl eingebaut.

Das war der Moment, sagt Graf Fidi, wo er gemerkt hat, dass er mit seiner Musik etwas bewegen kann. Er rappt zwar auch zu anderen Themen, hat sich aber auf das Thema Inklusion spezialisiert. „Ich sehe es als meine Aufgabe, Fragen zu beantworten und Menschen ohne Behinderung zu erklären, wie ich lebe“, sagt er. „Und weil ich teilweise im Rollstuhl sitze und weil ich sechs Finger habe, wissen die Leute, dass ich weiß, wovon ich spreche.“ Er veröffentlicht Musik, tritt in Clubs und auf Festivals auf – vor Menschen mit und ohne Behinderung. Außerdem arbeitet er als Medienpädagoge mit Menschen mit Behinderung und gibt Workshops an Schulen. Dort entwickelt er mit den Jugendlichen eigene Rap-Texte – und auch die handeln nicht von großen Autos oder coolen Marken, sondern von dem, was Jugendliche so bewegt: Fußball, Computerspiele, Freunde treffen und auch gesellschaftlich wichtige Themen wie der Klimawandel.

LESEN

1 Lesen Sie die Überschrift und sehen Sie das Foto an. Was meint Graf Fidi mit „Ich mach das mit links“? Was meinen Sie?

> Eigentlich ist das eine Redewendung und bedeutet, glaub ich, …

2 Arbeiten Sie in Gruppen. Ein Paar beantwortet Frage 1, das andere Paar Frage 2. Tauschen Sie dann und lesen Sie noch einmal. Ergänzen Sie, wenn nötig.

1 Was erfahren wir über ihn? Was macht / arbeitet er?
2 Welche Themen spricht er an? Welche Botschaft hat er?

> 1 Mit 16 das Rappen entdeckt, …

> 2 Inklusion, …

3 Welche Lieder von Graf Fidi gefallen Ihnen besonders gut?

a Recherchieren Sie zu dritt. Spielen Sie dann im Kurs ein Lied vor und erzählen Sie kurz, worum es im Text geht.

> Wir mögen den Song *Lebenselixier*. Dort geht es darum, wie wichtig Wasser für alle auf der Welt ist.

> Aber er spricht auch viele andere Themen an: Klimaschutz, Gleichberechtigung und vieles mehr.

b Wählen Sie im Kurs die fünf schönsten Songs und machen Sie eine Playlist für Ihre nächste Kursparty.

HÖREN

1 Lesen Sie den Text: Hören oder lesen Sie deutsche Nachrichten? Wo? Finden Sie das einfach? Sprechen Sie im Kurs.

> Ich lese Nachrichten fast nur in den sozialen Medien, da sind sie kurz und ich kann sie ganz gut verstehen.

4 18 2 Hören Sie den Radiobeitrag und machen Sie Notizen zu den Fragen.

- Merkmale?
  Nicht so viele Fremdwörter, ...
- Für wen?
- Schwierigkeiten beim Schreiben?
- Feedback?

3 Arbeiten Sie zu zweit. Lesen Sie die Notizen Ihrer Partnerin / Ihres Partners und hören Sie noch einmal. Ergänzen Sie dann, wenn nötig.

> Also, man verwendet nicht so viele Fremdwörter, oder man muss sie erklären.

4 Wo wäre einfache Sprache noch sinnvoll? Sammeln und sprechen Sie zu dritt. Präsentieren Sie dann Ihre Ergebnisse im Kurs.

Führungen in Museen, Formulare, ...

> Ich war mal in einem Museum in Berlin. Und da gab es Führungen in leichter Sprache. Für mich war das toll, weil ich viel mehr verstanden habe.

> Tolle Idee! Das wusste ich nicht, dass es so etwas gibt.

Nachrichten leicht verständlich

Nachrichten über aktuelle Ereignisse warten überall auf uns: auf dem Startbildschirm des Handys, auf Social-Media-Plattformen, auf News-Websiten, im Fernsehen oder Radio. Allerdings können einige Menschen das Standarddeutsch dieser Nachrichten gar nicht oder nur schwer verstehen. Das sind zum Beispiel Menschen, die nur schlecht lesen und schreiben können oder welche mit Lernschwierigkeiten. Für sie gibt es eine besondere und leicht verständliche Form des Deutschen, die sogenannte einfache Sprache. Einige Nachrichtenkanäle bieten speziell für diese Zielgruppe Nachrichten in einfacher Sprache an.

Arbeitsmarkt heute

„Heute müssen die Unternehmen sich bei den Auszubildenden bewerben.“

Ein Interview von Rafi Ahmadi

Immer mehr junge Menschen studieren – und immer weniger machen eine Ausbildung. Vor allem im Handwerk fehlt der Nachwuchs. So bleiben jedes Jahr rund ein Viertel der Ausbildungsplätze zur Bäckerin oder zum Bäcker unbesetzt. Bei Bäckermeisterin Nadine Weber ist das anders: Sie beschäftigt fünf Bäckerinnen und Bäcker und hat jedes Jahr zwei Auszubildende.

Frau Weber, Sie haben kein Nachwuchsproblem. Sie bekommen jedes Jahr mehr Bewerbungen, als Sie Ausbildungsplätze haben. Wie haben Sie das geschafft?

Ich habe einfach erkannt, dass man die Jugendlichen nur für eine Ausbildung gewinnt, wenn man ihnen neue Angebote macht. Früher konnten die Unternehmen auswählen, da gab es sehr viele, die einen Ausbildungsplatz gesucht haben. Heute ist das anders. Es gibt viel weniger junge Menschen und sie wählen jetzt uns aus. Wir müssen uns bei ihnen bewerben und ihnen etwas bieten. Zuerst einmal zahle ich ein höheres Ausbildungsgehalt. Das ist bei den meisten immer noch viel zu niedrig und reicht gar nicht zum Leben aus.

Ich kann mir vorstellen, dass Geld allerdings nicht alles ist. Wie sieht es mit den Arbeitszeiten aus?

Das ist ein großes Problem in unserer Branche. In Bäckereien beginnt man in der Regel um zwei oder drei Uhr nachts mit der Arbeit. So ein Leben möchten viele junge Menschen nicht mehr, das kann ich gut verstehen. In meiner Bäckerei fangen wir später an. Dafür habe ich Arbeitsabläufe geändert und biete jetzt weniger Produkte an. Meine fünf Angestellten kommen um 5.30 Uhr und 6 Uhr, die Azubis müssen erst um 7 Uhr anfangen. Das finden alle sehr angenehm. Dass wir später anfangen, geht aber nur, weil wir ein kleiner Betrieb sind.

Was können Ausbildungsbetriebe noch tun, um Jugendliche zu gewinnen?

Neben dem Gehalt und der Arbeitszeit finden junge Menschen eine gute Arbeitsatmosphäre sehr wichtig. Es gibt aber immer noch Betriebe, die ihre Auszubildenden schlecht behandeln und sie als billige Arbeitskräfte sehen. „Lehrjahre sind keine Herrenjahre“, heißt es dann. Aber das ist völlig veraltet. Man sollte die Jugendlichen übrigens auch möglichst früh ansprechen und ihnen zeigen, was Auszubildende in einer Bäckerei erwartet. Am besten macht man das über Social-Media-Plattformen.

Wie schauen Sie in die Zukunft?

Ich bin sehr zufrieden und hoffe, dass bald mehr Bäckereien es machen wie ich. Denn es stimmt nicht, dass die Jugend keine Lust auf das Bäcker-Handwerk hat. Es ist ein guter Beruf und man sieht am Ende des Tages, was man gemacht hat. Das finden auch junge Menschen gut. Doch sie haben eine bestimmte Vorstellung davon, was ein guter Arbeitsplatz ist.

LESEN

1 Lesen Sie den Text bis Zeile 6. Was bedeutet der Titel? Sprechen Sie im Kurs.

> Es gibt jedes Jahr 25 % Ausbildungsplätze, die frei sind. Deshalb ...

2 Arbeiten Sie zu viert. Lesen Sie das Interview. Was macht Frau Weber, um Azubis zu finden? Markieren Sie die vier Fragen. Jede/r liest eine Antwort und berichtet dann den anderen.

> Frau Weber hat kein Problem, Azubis zu finden, weil ...

3 Sie interessieren sich für einen Ausbildungsplatz bei Frau Weber. Stellen Sie Frau Weber Fragen und schreiben Sie zu zweit ein Interview. Spielen Sie dann das Gespräch.

○ Frau Weber, ich interessiere mich für einen Ausbildungsplatz bei Ihnen. Wie sind denn da die Arbeitszeiten? Wann ...
□ ...

4 Welche Erfahrungen haben Sie oder Personen gemacht, die Sie kennen? Machen Sie Notizen zu den Fragen und sprechen Sie in der Gruppe.

- Ist es schwierig, einen Ausbildungsplatz zu finden?
- Welche Ausbildungen sind (nicht) beliebt? Warum?
- Was bieten die Betriebe den Auszubildenden?

HÖREN

1 Lesen Sie den Text und die Bildunterschriften und sehen Sie die Bilder an. Kennen Sie weitere Berufe, die es fast nicht mehr gibt? Sprechen Sie im Kurs.

> Bei uns gibt es nur noch ganz wenige Schneidereien. Die Leute kaufen Kleidung fast nur noch im Geschäft.

> In Marokko werden Produkte aus Leder gemacht ...

4 19-22 **2** Hören Sie und machen Sie Notizen.

1 Großvater

Karina:
- ihr (1) hat den Betrieb gegründet.
- (2) teure Uhren.
- für den Job braucht man ruhige Hände und viel (3).

Patrick:
- stellt kein (4) her, sondern dekorative Gegenstände.
- den Familienbetrieb gibt es seit (5) Jahren.
- verkauft sogar bis nach (6).

Günther:
- Glasbläser seit (7) Jahren.
- verdient (8).
- stellt selbst circa (9) Produkte her.

Laura:
- repariert vor allem individuelle und (10) Schuhe.
- mit (11) die Ausbildung begonnen.
- arbeitet circa (12) bis ein Paar Schuhe fertig ist.

3 Hören Sie noch einmal und notieren Sie, was Sie interessant finden. Sprechen Sie dann in der Gruppe.

> Ich finde interessant, dass Patrick der jüngste Holzspielzeugmacher ist.

A
Karina Schwarz
Uhrmacherin

B
Patrick Uhlig
Holzspielzeugmacher

C
Günther Müller-Litz
Glasbläser

D
Laura Berg
Schuhmacherin

Aus der *Zeit* gefallen – seltenes HANDWERK

Es gibt Berufe, die vor gar nicht langer Zeit in Deutschland noch alltäglich waren, mittlerweile jedoch sehr selten sind. Das sind vor allem Handwerksberufe, von denen einige vielleicht bald ausgestorben sein werden. Was früher von diesen Berufsgruppen hergestellt wurde, konnten Maschinen irgendwann schneller, in größerer Stückzahl und vor allem viel günstiger produzieren. Hinzu kommt: Auch heute sind handwerkliche Produkte aus Deutschland viel teurer, als wenn sie günstig in anderen Ländern der Welt hergestellt werden. Wer allerdings eine Nische bedient, kann auch in Deutschland noch Kundinnen und Kunden finden, die für gutes Handwerk gern mehr zahlen. Wir haben vier Personen gefragt: Warum lieben sie ihren Beruf? Seit wann machen sie ihn? Was machen sie genau?

Drei Dinge sind sicher im Leben

von Mariana Leky

Mein zehnjähriger Sohn nimmt im Deutschunterricht gerade Sprichwörter durch und kommt nach Hause mit der Idee, die Nachbarn nach ihren Lieblingssprichwörtern zu fragen. Weil er heute etwas schüchtern ist, bittet er mich mitzukommen. (...)

Wir fragen zuerst Achim, den Cafébesitzer unten im Haus, nach seinem Lieblingssprichwort. Er muss nicht lange nachdenken: *Alte Füchse gehen schwer in die Falle*. Er sagt das, weil er schon wieder versucht, sich das Rauchen abzugewöhnen. Achim ist Mitte vierzig. Er raucht bereits seit dem Schulhof, und er will es schon lange lassen. Er hat sich akupunktieren, hypnotisieren und mit Nikotinpflastern bekleben lassen, er hat versucht, die Zigarette durch eine Karotte, eine Salzstange und einen Bleistift zu ersetzen, er hat sogar, auf Anraten eines Coaches, angefangen, einen Abschiedsbrief an seine Zigaretten zu schreiben (der Brief blieb unvollendet, weil Achims Sucht behauptet, Schreiben gehe nur mit Rauchen). Die Sucht, der steinalte, räudige Fuchs, lässt alle Fallen links liegen.

»Dankeschön«, sagt mein Sohn und schreibt Achims Sprichwort auf. Es ist das einzige, das er ohne ein eingeklammertes Fragezeichen dahinter notiert.

Als Nächstes klingeln wir beim Ehepaar Schwerters, das vor Kurzem silberne Hochzeit gefeiert hat. Die beiden wirken, als hätten sie bereits hinter der Tür gestanden und nur auf uns gewartet, denn sie sind randvoll mit Sprichwörtern. »*Ein Heute ist besser als zwei Morgen*«, sagt Herr Schwerters, »persisches Sprichwort.« Mein Sohn runzelt die Stirn. »Das stimmt aber nicht, wenn man morgen Fußballtraining hat«, findet er. (...)

»Ich weiß auch noch eins«, sage ich, während wir vor der Tür von Herrn Wiesberg warten, »*Sag niemals nie*.« - »Das hab ich schon«, sagt mein Sohn. *Sag niemals nie* ist das Lieblingssprichwort meines Onkels Ulrich. Er wollte sich immer ein Plakat des gleichnamigen James-Bond-Films über seine Behandlungscouch hängen, aber leider fand meine Tante das unpassend. Mein Onkel griff zu diesem Sprichwort, wenn es galt, jemanden von irgendwoher runter- oder hochzuholen. Wenn jemand behauptete, ab heute nie wieder glücklich oder nie wieder unglücklich zu werden.

Herr Wiesberg holt erst mal eine Tüte Gummibärchen und bietet uns und sich selbst reichlich daraus an. Herr Wiesberg arbeitet beim Finanzamt. »*Zwei Dinge sind sicher im Leben*«, zitiert er, mit dem Mund voller Gummibärchen, »*eins davon ist die Steuer*.«

»Und das andere?«, fragt mein Sohn.

Herr Wiesberg hört auf zu kauen und schaut mich unsicher an, er weiß nicht, ob mein Sohn bereits darüber informiert ist, dass wir alle sterben müssen.

Ich sage: »Der Tod«, und Herr Wiesberg sagt gleichzeitig: »Gummibärchen.« Mein Sohn guckt verunsichert, und Herr Wiesberg und ich sagen, wieder gleichzeitig: »Beides.«

Herr Wiesberg räuspert sich. »Ich habe mich versprochen«, sagt er, »ich meinte natürlich: *drei* Dinge.«

Auf dem Treppenabsatz begegnen wir Herrn Pohl und seinem Hund Lori.

»Wir wollten gerade bei Ihnen klingeln«, sagt mein Sohn. »Ich mache eine Umfrage. Was ist Ihr Lieblingssprichwort?«

»*Tempus fugit*«, sagt Herr Pohl spontan, »die Zeit fliegt. Das lässt sich sehr schön an dir beweisen«, sagt er zu meinem Sohn, »gestern saßt du noch im Kinderwagen, heute machst du schon Umfragen.«

Und wieder guckt mein Sohn kritisch, und ich ahne, was hinter seiner zehnjährigen Stirn gedacht wird: Das stimmt nicht, wenn man auf das nächste Fußballtraining wartet, es stimmt nicht, wenn man angehalten ist, sein Zimmer aufzuräumen, und beim Matheüben stimmt es schon mal gar nicht.

Ich schaue meinem Sohn, der eben noch im Kinderwagen saß, beim Notieren zu. Die Zeit fliegt, schreibt er, und dann, in Klammern, zwei Fragezeichen dahinter. Herr Pohl und ich sind noch ungefähr zweieinhalb Köpfe größer als mein Sohn. Von hier aus können wir sie fliegen sehen, die Zeit.

LESEN

1 Lesen Sie den Text. Welche Sprichwörter haben die Personen? Notieren Sie.

Achim: Alte Füchse gehen ..., Ehepaar Schwerters: ..., Herr Wiesberg: ..., Onkel Ulrich: ..., Herr Pohl: ...

2 Arbeiten Sie zu fünft: Wie erklären die Personen ihre Sprichwörter? Wählen Sie ein Sprichwort, lesen Sie dann den Textabschnitt und erklären Sie den anderen das Sprichwort.

> Achims mag das Sprichwort: „Alte Füchse gehen ...“. Also ich verstehe das so: Wenn man alt ist oder viel Lebenserfahrung hat, ...

3 Und was ist Ihr Lieblingssprichwort oder -motto?

a Wählen Sie ein Sprichwort oder ein Motto auf Deutsch oder in einer anderen Sprache. Überlegen Sie sich dann eine Erklärung dazu.

b Machen Sie einen Kursspaziergang und „klingeln“ Sie bei Ihren Kurskolleginnen / Kurskollegen. Tauschen Sie sich aus und gehen Sie dann weiter. Notieren Sie drei Sätze.

> Auf Japanisch gibt es das Sprichwort „nana korobi ya oki“, das bedeutet: „Siebenmal hinfallen, achtmal aufstehen.“ Ich finde das schön, denn es heißt, man soll niemals aufgeben. Man soll keine Angst vor Fehlern haben.

c Sammeln Sie im Kurs. Machen Sie eine Liste mit den schönsten Sätzen.

ZU LEKTION ZU AUFGABE

13 **3b** → S. 11 PARTNER/IN A

Enten können sowohl schnell schwimmen als auch weit fliegen.

Arbeiten Sie zu zweit. Sehen Sie das Bild an und sprechen Sie mit Ihrer Partnerin / Ihrem Partner. Verwenden Sie:

schnell schwimmen / weit fliegen → *sowohl … als auch …* ODER *nicht nur …, sondern auch …*

~~Hunger~~ / ~~Durst~~ haben → *weder … noch …*

- Partner/in A: Nummer 1: Enten können sowohl schnell schwimmen als auch weit fliegen.
- Partner/in B: Nummer 2: Schau mal, der Mann, der da joggt, ist …
- Partner/in A: Nummer 3: Der Mann hat …

+ SCHON FERTIG?

Bilden Sie weitere Sätze zum Bild.

14 4c → S. 15

Vier gewinnt! Im Job-Center

Arbeiten Sie zu zweit. Wählen Sie ein Feld und ein Wort aus dem Kasten und ergänzen Sie. Der Satz ist richtig? Dann dürfen Sie das Feld markieren. A macht einen Kreis ◯, B macht ein Kreuz ✕. Wer hat zuerst eine Reihe mit vier Feldern markiert?

alles | vieles | etwas | das | nichts | überall | dort | was | wo

Achtung! Manchmal passen mehrere Wörter, kontrollieren Sie mit der Lösung unten.

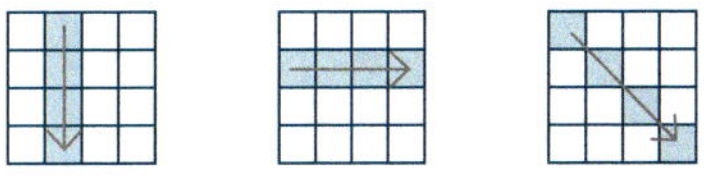

- Partner/in A: Nummer 1 ist „Ein Job als Hebamme ist genau das, was ich jetzt machen möchte."
- Partner/in B: Super! Richtig! Und Nummer 16 ist „Ich würde gern vieles, was ich bis jetzt gelernt habe, anwenden können.
- Partner/in A: Ja, „vieles" stimmt, man kann aber auch „alles" oder „das" sagen.

1 Ein Job als Hebamme ist genau ……, …… ich jetzt machen möchte.	2 Ich bewerbe mich nur ……, …… ich halbtags arbeiten kann.	3 ……, …… wir im Bewerbungstraining geübt haben, hilft mir bei der Bewerbung.	4 Ich suche eine Arbeitsstelle, …… ich zweimal pro Woche von zu Hause arbeiten kann.
5 Mein Wunsch ist, …… zu machen, …… kreativ ist.	6 ……, …… ich bis jetzt gemacht habe, hat mich begeistert.	7 Ich möchte …… arbeiten, …… ich meine Aufgaben selbstständig organisieren kann.	8 Leider hat mich ……, …… ich in meinem letzten Job machen musste, gelangweilt.
9 Ich habe wirklich …… ausprobiert, …… mir das Jobcenter angeboten hat.	10 Das Beste für mich wäre ein Job in Zürich, …… ich viele internationale Kundinnen und Kunden habe.	11 ……, …… ich sehr wichtig finde, ist eine gute Arbeitsatmosphäre.	12 Ich möchte …… machen, …… mit Computern zu tun hat.
13 Mein Traum ist eine Firma, …… es viele Karrieremöglichkeiten gibt.	14 Ich finde wirklich …… interessant, …… mit Technik zu tun hat.	15 Ich kann …… arbeiten, …… es einen guten Internetanschluss gibt.	16 Ich würde gern ……, …… ich bis jetzt gelernt habe, anwenden können.

1 das, was 2 dort, wo 3 Vieles / Alles / Das / Nichts, was 4 wo 5 etwas ..., was
6 Alles / Vieles / Das / Nichts, was 7 dort ..., wo 8 alles / vieles / das, was 9 alles / vieles ..., was
10 wo 11 Etwas, was 12 etwas / nichts ..., was 13 wo 14 alles / vieles / nichts ..., was
15 überall / dort ..., wo 16 vieles / alles / das, was

14 7a → S. 16

Ein Drehbuch für ein Bewerbungsvideo schreiben

a Lesen Sie die Stellenanzeigen auf Seite 85 und überfliegen Sie dann Merles Drehbuch für ein Bewerbungsvideo. Für welche Stelle bewirbt sich Merle?

Mein Bewerbungsvideo – Text und Ideen

Stehe vor meiner Universität und spreche in die Kamera. Dann gehe ich langsam zum Haupteingang.

Guten Tag, mein Name ist Merle Weißegger und ich habe Internationales Projektmanagement in Stuttgart studiert. Mit diesem Video möchte ich mich für die Stelle als Projektmanagerin bewerben. Ich habe schon bei einigen Praktika Erfahrungen im Projektmanagement gesammelt. In Ihrer Firma möchte ich gern meine Fähigkeiten weiterentwickeln und alles, was ich an der Universität gelernt habe, anwenden.

Im Internet habe ich gesehen, dass Sie viel mit internationalen Kundinnen und Kunden arbeiten. Das interessiert mich besonders und ich denke, meine Sprachkenntnisse können hier sehr hilfreich sein.

„Guten Tag!", „Good morning!" und „Bonjour!" fliegen ins Bild.

Außerdem bin ich sehr organisiert und es fällt mir selbstverständlich leicht, mit anderen zusammenzuarbeiten und gemeinsam Ziele zu erreichen.

Szene fliegt ins Bild: Tor beim Fußballspiel, Mannschaft freut sich

In meiner Freizeit beschäftige ich mich gern mit dem Computer und engagiere mich bei einem Nachbarschaftsverein, wo ich die Leute bei der Planung von Veranstaltungen unterstütze. Es macht mir große Freude, Menschen aus verschiedenen Kulturen kennenzulernen und bei der Lösung von Problemen zu helfen.

Ich bin für jede neue Herausforderung offen und davon überzeugt, dass ich gut in Ihr Unternehmen passe. Sehr gern würde ich meine Kenntnisse und Fähigkeiten in Ihr Team einbringen.

Kamera auf mein Gesicht

Vielen Dank für Ihre Aufmerksamkeit und ich freue mich darauf, Sie bei einem Vorstellungsgespräch persönlich kennenzulernen.

1 **Projektmanager (m/w/d) bei *Win! – Die Agentur***

Deine Aufgaben:

- Projektleiter*in unterstützen
- selbstständig Abläufe planen
- Kommunikation mit Kund*innen

2 **Artist (m/w/d) im Zirkus „Magorio"**

Deine Aufgaben:

- für Programm trainieren
- bei der Organisation unterstützen
- im Team neues Programm entwickeln

3 **Praktikum im Kindergarten „Gänseblümchen"**

Deine Aufgaben:

- Kinder im Team betreuen
- Ausflüge und Feste organisieren
- regelmäßig an Besprechungen teilnehmen

b Arbeiten Sie zu zweit und lesen Sie Merles Drehbuch in **a** nun genau. Partner/in A markiert: Warum möchte Merle für diese Firma arbeiten? Partner/in B markiert: Welche Kenntnisse und Fähigkeiten hat Merle? Sprechen Sie dann.

- Partner/in A: Merle möchte für die Firma arbeiten, weil sie an der Uni Pojektmanagement studiert hat.
- Partner/in B: Sie hat schon Erfahrungen bei Praktika gesammelt.

c Lesen Sie das Drehbuch in **a** noch einmal und ergänzen Sie dann zu zweit die Sätze im Kasten.

K

sagen, warum man für eine Firma arbeiten möchte	über Kenntnisse und Fähigkeiten sprechen
In Ihrer …… möchte ich gern meine Fähigkeiten weiterentwickeln.	Ich habe schon bei einigen Praktika …… gesammelt.
…… habe ich gesehen, dass …	…… bin ich sehr …
Ich bin davon überzeugt, dass ich …… in Ihr Unternehmen …… .	Es fällt mir selbstverständlich ……, …
Sehr gern würde ich meine …… und …… in Ihr Team einbringen.	In meiner Freizeit …… ich mich gern mit …
	Es macht mir große ……, …
	Ich bin für jede neue …… offen.

eine Bewerbung abschließen

Vielen Dank für Ihre …… .

Ich freue mich (darauf), Sie bei einem …… persönlich kennenzulernen.

d Lesen Sie die Anzeigen in **a** noch einmal. Für welche Stelle würden Sie sich gern bewerben? Warum? Sprechen Sie zu zweit. Gehen Sie dann zurück auf Seite 16.

> Ich würde mich im Kindergarten bewerben, ich arbeite gern mit Kindern!

15 **4b** → S. 18

Ein Tag mit Robot Erwin

a Arbeiten Sie zu zweit: Stellen Sie sich vor, Sie haben einen Roboter mit Namen Robot Erwin. Dieser Roboter kann alles machen, was Sie möchten. Sammeln Sie: Was würden Sie Robot Erwin machen lassen, was machen Sie lieber selbst?

Das macht Robot Erwin. Frühstück vorbereiten | aufräumen | E-Mails beantworten | Fahrräder reparieren | ...

Das machen wir selbst. duschen | Computerspiele spielen | spazieren gehen | ...

Robot Erwin: Frühstück vorbereiten ...

Wir: duschen ...

b Schreiben Sie einen Text über einen Tag in Ihrem Leben mit Robot Erwin. Ihre Notizen aus **a** helfen Ihnen dabei. Verwenden Sie *lassen*.

Wir lassen Robot Erwin das Frühstück vorbereiten, während wir duschen. Dann lassen wir Robot Erwin aufräumen. In dieser Zeit spielen wir Computerspiele. Während wir spazieren gehen, lassen wir Robot Erwin unsere E-Mails beantworten und ...

c Tauschen Sie Ihren Text mit einem anderen Paar und geben Sie ein Feedback.

Ihr lasst Robot Erwin eure E-Mails beantworten? Das ist ja eine tolle Idee!

7c → S. 19

Gedanken zum Thema „Liebe"

a Lesen Sie die Aussagen zum Thema „Liebe und Beziehungen". Welcher Aussage (1 – 4) stimmen Sie zu? Wählen Sie eine Aussage und gehen Sie in die passende Ecke.

1 Zwischen Menschen und humanoiden Robotern könnten Liebesbeziehungen eines Tages Realität werden.

2 Intensive Beziehungen zwischen Menschen und humanoiden Robotern? Das könnte gefährlich werden!

3 Eine perfekte Partnerin / Einen perfekten Partner gibt es nicht.

4 Glücklich werden kann man nur mit einem Menschen, der einem sehr ähnlich ist.

b Diskutieren Sie in Ihrer Gruppe und notieren Sie Gedanken und Begründungen für „Ihre" Aussage. Berichten Sie dann im Kurs.

Aussage 1
- künstliche Intelligenz (KI): schnelle Entwicklung
-> es gibt bald humanoide Roboter

Wir glauben, dass es bald humanoide Roboter gibt. Die künstliche Intelligenz entwickelt sich so schnell.

16 5c → S. 28

Satzpuzzle: Je mehr Geld ich habe, …

a Ergänzen Sie die fehlenden Teile der Sätze. Verwenden Sie *je* oder *desto / umso*. Schreiben Sie alle Satzteile jeweils auf einen Zettel wie im Beispiel.

Je mehr Geld ich habe, …

Je länger ich über etwas nachdenke, …

… desto fröhlicher bin ich.

Je schwieriger etwas ist, …

Je älter ich werde, …

… desto mehr strenge ich mich an.

… umso mehr kaufe ich ein.

… umso besser kann ich mich erinnern.

Je mehr Geld ich habe, *umso mehr kaufe ich ein.*

+ SCHON FERTIG?
Schreiben Sie für Ihr Puzzle noch mehr Sätze mit *Je …, desto / umso …* auf Zettel.

b Tauschen Sie die Zettel mit Ihrer Partnerin / Ihrem Partner und machen Sie das Satzpuzzle. Hat Ihre Partnerin / Ihr Partner Ihre Sätze richtig ergänzt?

Je mehr Geld ich habe, *umso mehr kaufe ich ein.*

Je mehr Geld ich habe, umso mehr kaufe ich ein.

Richtig!

G

Vergleich	
je + Komparativ	desto / umso + Komparativ
Je mehr man recherchiert,	desto schwieriger wird die Entscheidung.
Je billiger,	umso besser.

6b → S. 28

Entscheidungshilfe geben

a Lesen Sie Situation 0 und sehen Sie die Bilder an. Welches Fahrrad würden Sie Zer-Rur empfehlen? Sprechen Sie zu dritt.

Zer-Rur

0 Zer-Rur möchte ein Fahrrad kaufen, mit dem sie viel transportieren kann (z. B. ihre Einkäufe für die ganze Woche). Das Rad sollte nicht zu wertvoll sein, damit sie es ohne Probleme auf der Straße abstellen kann

Meiner Meinung nach kommt Fahrrad B für Zer-Rur nicht infrage. Sie kann also entweder Fahrrad A oder Fahrrad C kaufen. A ist zwar nicht ganz billig, aber man kann damit wirklich viel transportieren. Ich würde ihr deshalb Fahrrad A empfehlen.

Ich sehe das ein bisschen anders. Wenn ich Zer-Rur wäre, würde ich Fahrrad C kaufen. Man kann zwar nicht so viel damit transportieren, aber dafür ist es nicht so wertvoll.

Stimmt. Ich würde auch eher Fahrrad C als Fahrrad A auf der Straße abstellen!

b Arbeiten Sie zu dritt. Jede/r liest eine Situation (1 – 3) und bewertet die Alternativen A – C: Welche Möglichkeit kommt auf keinen Fall infrage? Welche Vor- und Nachteile haben die anderen beiden Alternativen? Machen Sie Notizen.

Kalan

1 Kalan möchte sich in Siegen eine sportliche Freizeitaktivität suchen. Am liebsten ist er morgens aktiv. Gleichzeitig möchte er beim Sport unbedingt Leute kennenlernen.

A 
alleine joggen

B 
täglich von 7:00-22:00 Uhr geöffnet

C 
jeden Mittwoch- und Freitagabend

Nadine

2 Nadine braucht einen Ort, wo sie für ihre Abschlussprüfung lernen kann. Besonders gut kann sie sich in der Natur konzentrieren. Sie reagiert sehr empfindlich auf Lärm.

A 
◆ Cafeteria

B 
◆ Stadtbibliothek

C 
◆ Stadtpark

Helge

3 Helge lebt allein und möchte sich ein Haustier kaufen, sodass ihn jemand begrüßt, wenn er nach Hause kommt. Er hat unregelmäßige Arbeitszeiten und ist manchmal mehr als 24 Stunden unterwegs.

A 
◆ Fische

B 
◆ Hund

C 
◆ Katze

Situation 1
C kommt auf keinen Fall infrage, Fußball findet abends statt.
A Vorteile: kann man immer und überall machen, ...

c Lesen Sie den anderen die Situation vor und erklären Sie Ihre Empfehlung. Benutzen Sie *entweder … oder* und *zwar …, aber*. Sind alle einverstanden? Sprechen Sie.

17 **4b** → S. 32

Wie lernt man …?

a Lesen Sie die Fragen und machen Sie Notizen.

Frage	Ich	Meine Partnerin / Mein Partner
Wie ernährt man sich gesund?	sich vegetarisch ernähren	
Wie wird man eine erfolgreiche Malerin / ein erfolgreicher Maler?		
Wie lernt man am besten eine Sprache?		
Wie pflegt man am besten seine Freundschaften?		
Wie tut man etwas für die Umwelt?		
Wie spart man am besten Benzin?		
Wie kocht man die beste Suppe der Welt?		
Wie wird man Millionärin / Millionär? 		
Wie findet man eine neue Wohnung?		
Wie lernt man neue Leute kennen?		
Wie wird man Anwältin / Anwalt? 		
Wie lernt man Flöte spielen? 		
Wie geht man mit einem Misserfolg um? 		

G

miss + Nomen	→ Nomen
der Erfolg	→ der Misserfolg = kein Erfolg

G

miss + Verb	→ Verb
trauen	→ misstrauen = kein Vertrauen haben
verstehen	→ missverstehen = falsch verstehen

b Fragen Sie dann Ihre Partnerin / Ihren Partner und notieren Sie. Bilden Sie jeweils Sätze mit *indem*.

Frage	Ich	Meine Partnerin / Mein Partner
Wie ernährt man sich gesund?	sich vegetarisch ernähren	viele Früchte und Gemüse, wenig Zucker (Gebäck, Schokolade)
Wie wird man eine erfolgreiche Malerin /		

- Wie ernährt man sich deiner Meinung nach gesund?
- Indem man sich vegetarisch ernährt. Und was denkst du?
- Ich glaube, man ernährt sich gesund, indem man viele Früchte und Gemüse und wenig Zucker isst, also kein Gebäck oder Schokolade.

SCHON FERTIG?

Überlegen Sie sich weitere Fragen mit „Wie …?“ und beantworten Sie sie. Bilden Sie Sätze mit *indem*.

5b → S. 32

Wie erstelle ich einen Audioguide? ZWISCHENSCHRITT

a Lesen Sie die Tipps und markieren Sie in zwei Farben:
Welche Tipps beziehen sich auf Inhalt und Sprache des Audioguides?
In welchen Tipps geht es um die Technik und die Art der Aufnahme?

10 Tipps

„Wie erstelle ich einen Audioguide?“

1 Recherchieren Sie genau und überprüfen Sie die Informationen, die Sie geben möchten.

2 Machen Sie eine Gliederung. Audioguides haben meistens mehrere Teile.

3 Schreiben Sie den Text in einfachen und kurzen Sätzen.

4 Schreiben Sie den Text auf und kontrollieren Sie ihn vor der Aufnahme.

5 Beginnen Sie mit einer Begrüßung und sprechen Sie das Publikum immer wieder direkt an.

6 Ein Audioguide wird von einer oder von mehreren Personen gesprochen.

7 Überprüfen Sie Ihre Aufnahme: Kann man alles gut verstehen?

8 Nehmen Sie den Text mehrmals auf und wählen Sie die beste Variante.

9 Wenn Sie mehrere Teile aufgenommen haben, können Sie sie mit einer App schneiden und zusammenfügen.

10 Sie können auch Musik dazwischen schneiden oder dazu spielen.

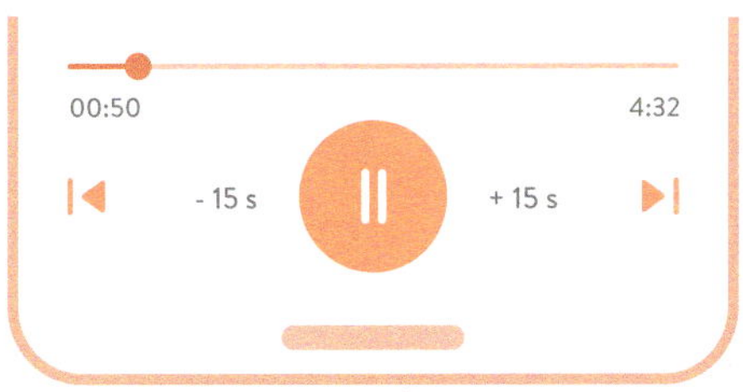

b Welche Tipps finden Sie besonders wichtig? Markieren Sie.
Gehen Sie dann zurück auf Seite 32.

18 **5d** → S. 36 PARTNER/IN A

Viel zu tun im Krankenhaus!

a Schreiben Sie zuerst Fragen mit *nachdem* zu Ihren Personen.

Was hat denn Dr. Anita Bresky gemacht, nachdem sie ein Kommunikationstraining geleitet hatte?

Dr. Anita Bresky

ein Kommunikationstraining geleitet

mit einer Journalistin gesprochen

Dr. Arne Behrens

die Untersuchungsergebnisse erklärt

Schmerzmittel verschrieben 

Tim Wasche

eine Wunde versorgt 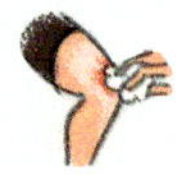

Ferhat Kaya

einen Arzt bei Kranken-besuchen begleitet 

für eine Prüfung gelernt

Galina Iwanowna

mit Angehörigen geredet

Dr. Stefan Knuppe

mit dem erkälteten Patienten gesprochen 

 ein Rezept für Nasentropfen geschrieben 

Sibylle Franz

eine Kommunikations-situation in einer Arztpraxis gespielt 

Dr. Gabriela Bandel

viele Patienten gegen Grippe geimpft 

sich beim Yoga vom Stress erholt

Dr. Daan Jansen

einen Patienten untersucht

Dr. Cosmin Stoica

im Krankenwagen mitgefahren

einen Notfall behandelt

Enrico Fumagalli

in die Umkleide gegangen

Réka Szabó

am Vormittag auf der Kinderstation geholfen

am Nachmittag in der Notaufnahme gearbeitet

b Fragen Sie dann Ihre Partnerin / Ihren Partner und ergänzen Sie die fehlenden Informationen.

- Partner/in A: Was hat denn Dr. Anita Bresky gemacht, nachdem sie ein Kommunikationstraining geleitet hatte?
- Partner/in B: Nachdem sie ein Kommunikationstraining geleitet hatte, hat sie mit einer Journalistin gesprochen.

...

- Partner/in B: Was hat denn Dr. Arne Behrens gemacht, nachdem er die Untersuchungsergebnisse erklärt hatte?
- Partner/in A: Nachdem er die Untersuchungsergebnisse erklärt hatte, hat er ein Schmerzmittel verschrieben.

19 **5b** → S. 43 PARTNER/IN A

Checkliste: Ein Stipendium beantragen

a Was ist schon erledigt worden? Fragen Sie Ihre Partnerin / Ihren Partner und haken Sie auf der Liste ab. ✓ Was ist noch nicht gemacht worden? Machen Sie ein Kreuz. ✗

Stipendium für einen Sprachkurs
- ✓ den Antrag für das Stipendium stellen
- ○ Kopien von den Deutschkurs-Zeugnissen abgeben
- ○ das Formular ausfüllen
- ○ eine Eingangsbestätigung ausstellen
- ○ den Antrag genehmigen

- Partner/in A: Ist der Antrag für das Stipendium schon gestellt worden?
- Partner/in B: Ja, der Antrag ist schon gestellt worden.

b Was ist schon erledigt worden? ✓ Was ist noch nicht gemacht worden? ✗ Sehen Sie die Checkliste an und antworten Sie Ihrer Partnerin / Ihrem Partner.

Stipendium für eine Weiterbildung
- ✗ den Antrag für das Stipendium ausfüllen
- ✓ das Formular unterschreiben
- ✗ alle Dokumente abgeben
- ✓ einen Termin auf der Behörde vereinbaren, um die Abgabefrist zu verlängern
- ✓ das Stipendium genehmigen

- Partner/in B: Ist der Antrag für das Stipendium schon ausgefüllt worden?
- Partner/in A: Nein, der Antrag ist noch nicht ausgefüllt worden.

20 6 → S. 48

Alltags-Challenges: Was können Sie, ohne …?

a Lesen Sie die „Alltags-Challenges" 1 – 10 und schreiben Sie Sätze: Was können Sie (nicht)? Finden Sie noch zwei Situationen und schreiben Sie zwei weitere Sätze.

1 tippen – die Tastatur **nicht** anschauen *Ich kann (nicht) tippen, ohne die Tastatur anzuschauen.*	2 morgens aufwachen – der Wecker hat **nicht** geklingelt 	3 den Tag planen – **nicht** im Terminkalender nachsehen
4 das Geschirr wegräumen – es hört **niemand** *Ich kann (nicht) das Geschirr wegräumen, ohne dass es jemand hört.*	5 nachts auf die Toilette gehen – das Licht **nicht** anmachen	6 ein Menü kochen – die ganze Küche wird **nicht** schmutzig *Ich kann ein / kein*
7  sich schminken /  sich rasieren – **nicht** in den Spiegel sehen	8 sich duschen – die Haare werden **nicht** nass	9 einen Witz erzählen – **nicht** selbst lachen
10 lügen – **nicht** rot werden	11	12

b Wer kann das? Fragen und antworten Sie im Kurs. Kann Ihre Partnerin / Ihr Partner das? Dann notieren Sie den Namen und gehen Sie weiter zur nächsten Person. Wer findet zuerst fünf Personen?

- ○ Kann ich dich mal was fragen? Kannst du tippen, ohne die Tastatur anzuschauen?
- □ Nein, leider nicht … Ich hätte auch eine Frage, Hakim: Kannst du das Geschirr wegräumen, ohne dass es jemand hört?
- ○ Ja, das kann ich.
- □ Super!

4 Hakim

G

Hauptsatz		Nebensatz		
				Ende
Ich kann tippen,	ohne dass	ich	die Tastatur	anschaue.
	ohne			anzuschauen.
Ich kann das Geschirr wegräumen,	ohne dass		es jemand	merkt.
	ohne ~~zu~~			

7 → S. 48 PARTNER/IN A

(An)Statt um 7:00 Uhr aufzustehen, ...

Arbeiten Sie zu zweit. Lesen Sie den normalen Tagesablauf von Marie. Was macht sie an diesem Tag anders? Fragen Sie Ihre Partnerin / Ihren Partner abwechselnd und ergänzen Sie die fehlenden Informationen.

oder

Arbeiten Sie zu zweit. Lesen Sie den normalen Tagesablauf von Marie. Was macht sie an diesem Tag anders? Notieren Sie Sätze. Partner/in A zu 1, 3, 5, 7, Partner/in B zu 2, 4, 6. Fragen Sie Ihre Partnerin / Ihren Partner abwechselnd und notieren Sie.

Das macht Marie normalerweise, ...	aber heute ist alles anders!
1 Marie steht um 7:00 Uhr auf.	1 *Sie sieht den Sonnenaufgang an.* 
2 Sie frühstückt schnell im Stehen.	2 Sie geht ins Café und liest die Zeitung.
3 Sie fährt mit dem Bus zur Arbeit.	3 ....
4 Sie sitzt fünf Stunden vor dem Computer.	4 Sie arbeitet im Stehen und macht Gymnastik.
5 Sie isst in der Kantine.	5 ....
6 Sie fährt um 20:30 Uhr den Computer herunter. 	6 Sie macht früher Schluss und geht ins Museum.
7 Sie schläft vor dem Fernseher ein.	7 ....

- Partner/in A: Was macht Marie, anstatt dass sie um 7:00 Uhr aufsteht?
- Partner/in B: Anstatt um 7:00 Uhr aufzustehen, sieht sie den Sonnenaufgang an. Was macht Marie, statt dass sie schnell im Stehen frühstückt?
- Partner/in A: Statt schnell im Stehen zu frühstücken, geht sie ...

G

Hauptsatz	Nebensatz			
				Ende
Marie sieht den Sonnenaufgang an,	(an)statt dass	sie	um 7:00 Uhr	aufsteht.
	(an)statt			aufzustehen.

20 8a → S. 48

Das würde ich lieber mal überprüfen ...

Arbeiten Sie zu dritt. Lesen Sie je eine Kurznachricht und machen Sie Notizen. Fassen Sie den Inhalt in zwei Sätzen zusammen. Gehen Sie dann zurück auf Seite 48.

A

Wissenschaftler*innen warnen vor den Folgen des Klimawandels für das Leben am Nordpol: In den nächsten Jahrzehnten verschwindet das Eis, sodass die Eisbären ihren natürlichen Lebensraum verlieren. Einer Tierschutzorganisation ist es nun gelungen, eine Bärenfamilie an den Südpol zu transportieren, wo die Lebensbedingungen für die Tiere ebenfalls geeignet sind.

mehr lesen

Am Nordpol ...
Eine Tierschutz-organisation ...

B

Die Sportart „Tauziehen", bei der zwei Mannschaften in entgegengesetzter Richtung an einem langen Seil ziehen, hat eine lange Geschichte und ist als Spiel und Trainingsmethode in verschiedenen Ländern der Welt beliebt. Anfang des 20. Jahrhunderts wurde dieser Sport sogar ins Programm der Olympischen Spiele aufgenommen.

mehr lesen

„Tauziehen" ...
Anfang des letzten Jahrhunderts ...

C

Psychologische Experimente haben gezeigt, dass Menschen Erinnerungen löschen, wenn sie von einem Raum in einen anderen gehen (sog. Doorway-Effekt). Diese Ergebnisse werden nun zum ersten Mal in einem Gebäude umgesetzt. Die bayerische Stadt Hof fördert den Bau eines Gemeindezentrums, das im Innenbereich ganz auf Türen verzichtet.

mehr lesen

Menschen vergessen Dinge, wenn ...
In Süddeutschland ...

21 **3b** → S. 51

Ein Brief an die Schulleitung

a Lesen Sie die Forderungen der Schülerinnen und Schüler der Klasse 7b und ergänzen Sie dann den Brief.

1 Wir wollen das Klassenzimmer selbst dekorieren!

2 Längere Pausen für unsere Schultage einplanen!

3 Statt Noten lieber ein schriftliches Feedback geben!

4 MEHR ZEIT FÜR GRUPPENARBEIT ZUR VERFÜGUNG STELLEN!

5 KEINE AUFSÄTZE UND DIKTATE MEHR!

6 Handys im Unterricht benutzen!

7 Jeden Monat einen Ausflug machen!

Offener Brief an die Schulleitung

Sehr geehrte Frau Mühlenharter,
wir aus der Klasse 7b haben viele Ideen, wie wir unseren Unterricht verbessern könnten:

1. Das Klassenzimmer darf von uns selbst dekoriert werden (dürfen)
2. Für unsere Schultage .... (sollt...)
3. Statt Noten .... (könnt...)
4. Für die Gruppenarbeit .... (müssen)
5. Aufsätze und Diktate .... nicht .... (sollt...)
6. Es wäre wichtig, dass Handys .... (können)
7. Jeden Monat .... (könnt...)

Wir würden uns freuen, wenn wir mit Ihnen darüber diskutieren könnten.
Mit besten Grüßen
Ihre Schülerinnen und Schüler der Klasse 7b

b Wie finden Sie die Forderungen der Klasse 7b? Malen Sie die Sternchen in **a** aus und vergleichen Sie mit Ihrer Partnerin / Ihrem Partner.

★★★ = sehr gut
★★☆ = ganz okay
★☆☆ = weniger gut
☆☆☆ = gar nicht gut

> Forderung 1 finde ich sehr gut. Warum sollen die Schülerinnen und Schüler nicht ihr Klassenzimmer dekorieren? Das macht Spaß und ist motivierend!

> Ich finde Forderung 1 nur ganz okay. Ist es wirklich wichtig, dass die Schülerinnen und Schüler das selbst machen? Viel wichtiger ist doch, dass ...

21 **6** → S. 52

Das deutsche Schulsystem

a Arbeiten Sie zu zweit: Sehen Sie die Beispiel-Übersicht zum deutschen Schulsystem an und beantworten Sie die Fragen.

1 Muss man in den Kindergarten gehen?
2 Was für eine Schule muss man besuchen, wenn man die Universität besuchen will?
3 Wie viele Jahre geht man in die Realschule?
4 Nach welcher Klasse kann man eine Berufsausbildung machen?

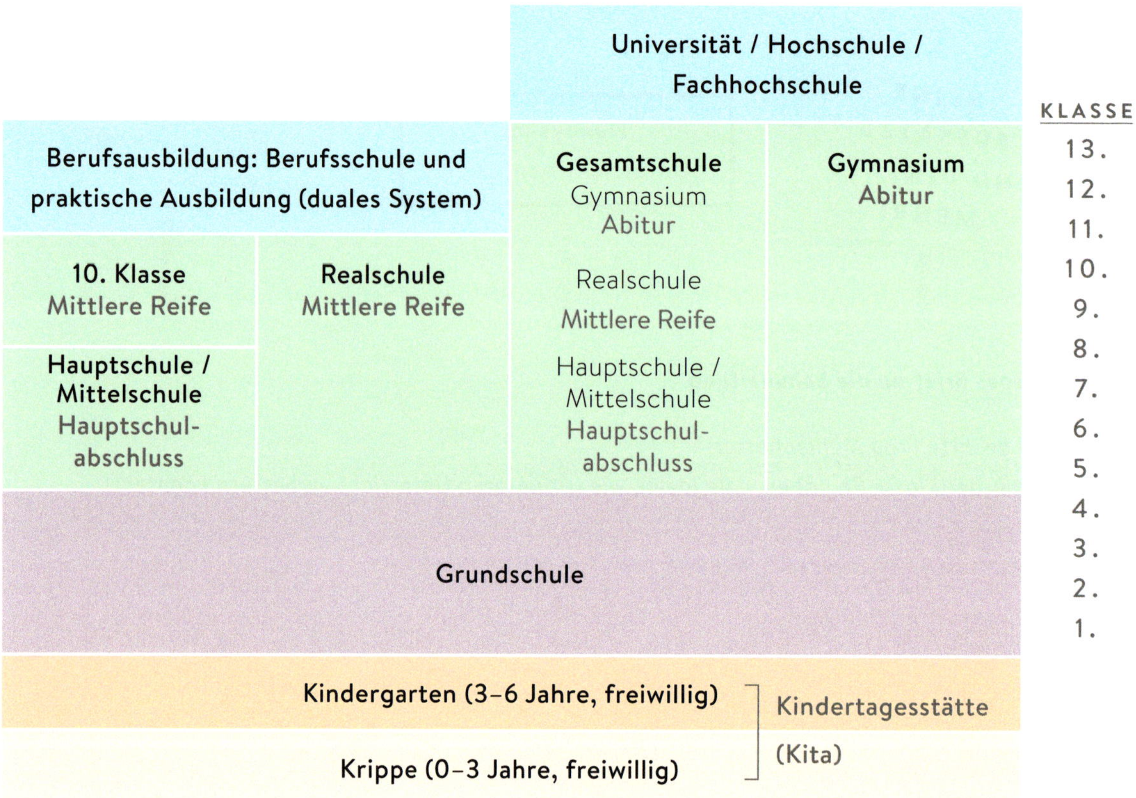

> Frage 1: Hier steht „freiwillig“. Man muss also …

> Ach so, das habe ich nicht gewusst.

b Jede/r schreibt noch drei Fragen zum deutschen Schulsystem. Die / Der andere antwortet mithilfe der Übersicht in **a** oder recherchiert im Internet.

- Was ist eine Kita?
- An welchen Schulen gibt es eine Abschlussprüfung?
- …

c Welche Schulen haben Sie besucht und wie lange? Erzählen Sie in der Gruppe.

> Ich bin nach sechs Jahren in der Grundschule für drei Jahre ins „Gymnasio“ gegangen und dann ins „Lyzeum“. Jetzt will ich …

22 **2a** → S. 58

Das politische System in Deutschland

a Sehen Sie das Schaubild an, lesen Sie den Infotext und ergänzen Sie die Wörter aus dem Bildlexikon.

Abgeordnete | Bundeskanzler | Bundespräsident | Bundestag | Gericht | Minister | Bundesregierung | Richter | ~~Parlament~~ | Partei | Wahl

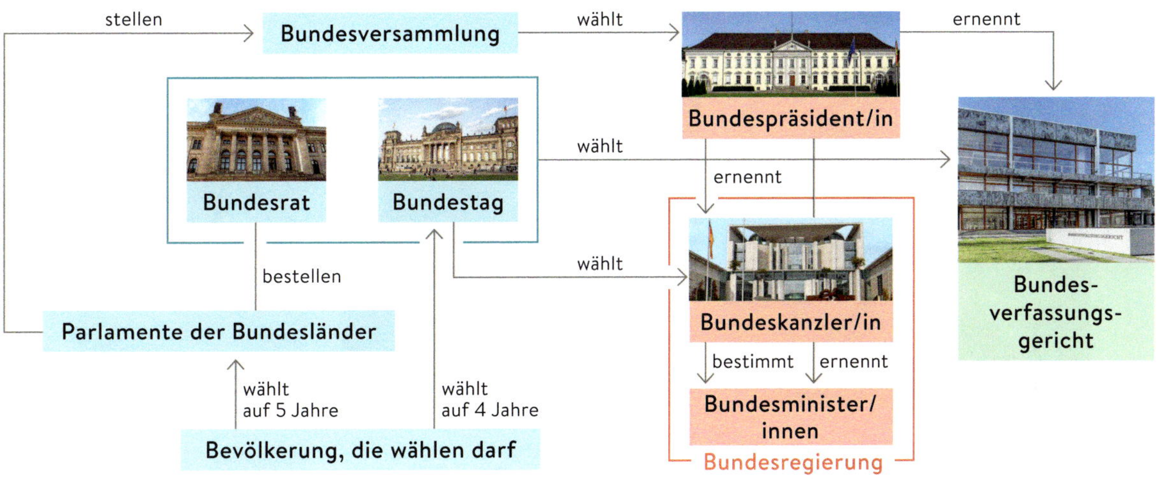

Das politische System der Bundesrepublik Deutschland (BRD)

Die Bürgerinnen und Bürger wählen zwei Parlamente (1): die Parlamente der 16 Bundesländer und den .... (2). Die .... (3) zum deutschen Bundestag findet alle vier Jahre statt. Im Bundestag sitzen 598 (oder mehr) .... (4) der verschiedenen Parteien. Eine .... (5) braucht mindestens 5 % aller Stimmen, damit sie Abgeordnete in den Bundestag schicken kann.
Der Bundestag wählt den / die ..../in (6). Er oder sie bestimmt dann die ..../innen (7). Bundeskanzler/in und Minister/innen sind zusammen die .... (8).
In Deutschland wird der / die ..../in (9) nicht direkt von den Bürgerinnen und Bürgern gewählt (sondern von der Bundesversammlung, die aus Vertreter/innen von Bundestag und Bundesrat besteht).
Auch die 16 ..../innen (10) am Bundesverfassungsgericht werden gewählt. Dieses höchste deutsche .... (11) hat seinen Sitz in Karlsruhe.

b Wie ist das politische System in anderen Ländern, die Sie kennen? Was ist ähnlich, was ist anders? Sprechen Sie mit Ihrer Partnerin / Ihrem Partner über die Fragen.

1. Wie heißt das Parlament? Wie viele Abgeordnete sitzen im Parlament?
2. Gibt es eine Kanzlerin / einen Kanzler? Wer ist in der Regierung?
3. Gibt es eine Präsidentin / einen Präsidenten? Von wem wird sie / er gewählt?
4. Wie heißt das höchste Gericht?

In Österreich heißt das Bundesparlament „Nationalrat". Anders als in Deutschland wählen die Bürgerinnen und Bürger den Bundespräsidenten bzw. die Bundespräsidentin direkt.

In der Schweiz heißt die Regierung „Bundesrat". Die Schweizer Bürgerinnen und Bürger wählen nicht nur die Parlamente, sondern sie können in einer Volksabstimmung auch öfter über wichtige Fragen selbst entscheiden.

22 4b → S. 59

Bilder beschreiben: Es sieht so aus, als ob ...

Wählen Sie eine Person A-I und beschreiben Sie das Bild. Die Ausdrücke unten im Kasten helfen Ihnen dabei. Ihre Partnerin / Ihr Partner rät, welche Person Sie meinen.

fröhlich / gut vorbereitet / überrascht / (un)glücklich / verzweifelt / genervt / gestresst / erschöpft / ... sein

auf einem Fest / im Urlaub / in der Natur / im Deutschkurs / ... sein

Spaß haben / sich langweilen / sich freuen ... | warten / ... müssen | nicht schwimmen / fahren / ... können | ...

A
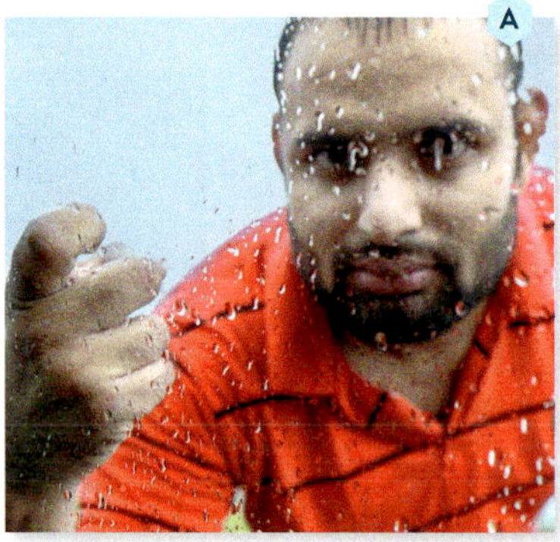
B

C

D

E

F

G

H

I

Es sieht so aus, als ob die Person im Urlaub wäre.

Das ist der Mann auf Bild H!

Falsch ... Man hat den Eindruck, als ob es heiß wäre.

Aha! ...

K **eine persönliche Einschätzung geben**

Es sieht (nicht) so aus / Es wirkt (nicht) so, als ob ...

Ich habe / Man hat (nicht) den Eindruck / das Gefühl, als ob ...

23 **2** → S. 61

Die Geschichte einer Grenze

a Arbeiten Sie zu zweit. Sehen Sie die Bilder an und lesen Sie die Texte. Ergänzen Sie in der richtigen Form. Hilfe finden Sie im Bildlexikon. Nicht alle Wörter passen.

◆ ~~Weltkrieg~~ ◆ Frieden ◆ Mauer ◆ Grenze ◆ Denkmal ◆ Bevölkerung ◆ Bundesland ◆ Zone ◆ ~~Protest~~ ◆ Verfassung ◆ Revolution ◆ Freiheit

A

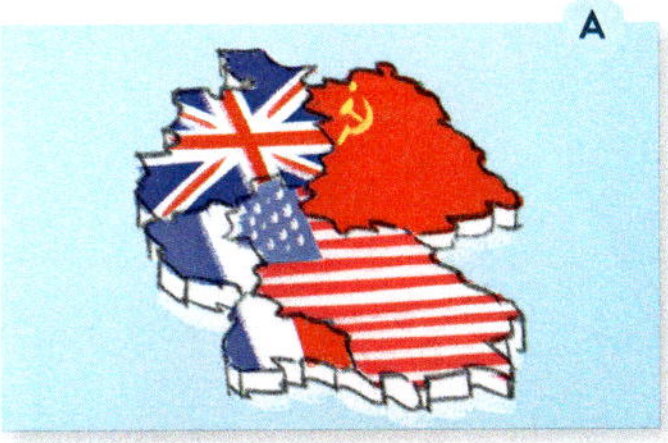

1945

1945: Als Folge des Zweiten Weltkriegs (1) wird Deutschland in eine amerikanische, eine englische, eine französische und eine sowjetische .... (2) aufgeteilt.

B

Konrad Adenauer bei der Unterzeichnung des Grundgesetzes am 23. Mai 1949

1949

1949: Die beiden deutschen Staaten werden gegründet: die Bundesrepublik Deutschland (BRD) und die Deutsche Demokratische Republik (DDR) – mit eigenen .... (3).

C

Das Denkmal des deutschen Grenzpunkts Alpha

1952

1952: Die .... (4) nach Westdeutschland wird geschlossen. Grenzanlagen und -türme werden errichtet.

D

1961

1961: Die .... (5) um Westberlin wird gebaut.

E

1989

1989: Nach monatelangen friedlichen Protesten (6) folgt die Regierung der DDR dem Wunsch der .... (7) und öffnet die Grenze. Man spricht auch heute noch von einer friedlichen .... (8).

F

1990

1990: Die beiden deutschen Staaten werden wiedervereinigt: Deutschland hat jetzt fünf neue .... (9), und im Dezember wird das erste Mal das gesamtdeutsche Parlament gewählt. Die Grenze gibt es nicht mehr. Die Reste der Mauer dienen heute als .... (10).

b Tauschen Sie mit einem anderen Paar und vergleichen Sie. Welche Informationen waren für Sie neu / interessant? Sprechen Sie in der Gruppe.

23 5c → S. 63

Zufallsrad: Was wäre passiert, wenn ...?

Arbeiten Sie zu dritt. Eine Spielerin / Ein Spieler schließt die Augen und tippt auf ein Feld des Zufallsrads. Fragen Sie Ihre Nachbarin / Ihren Nachbarn. Sie / Er antwortet. Spielen Sie fünf Runden.

◆ Sturm

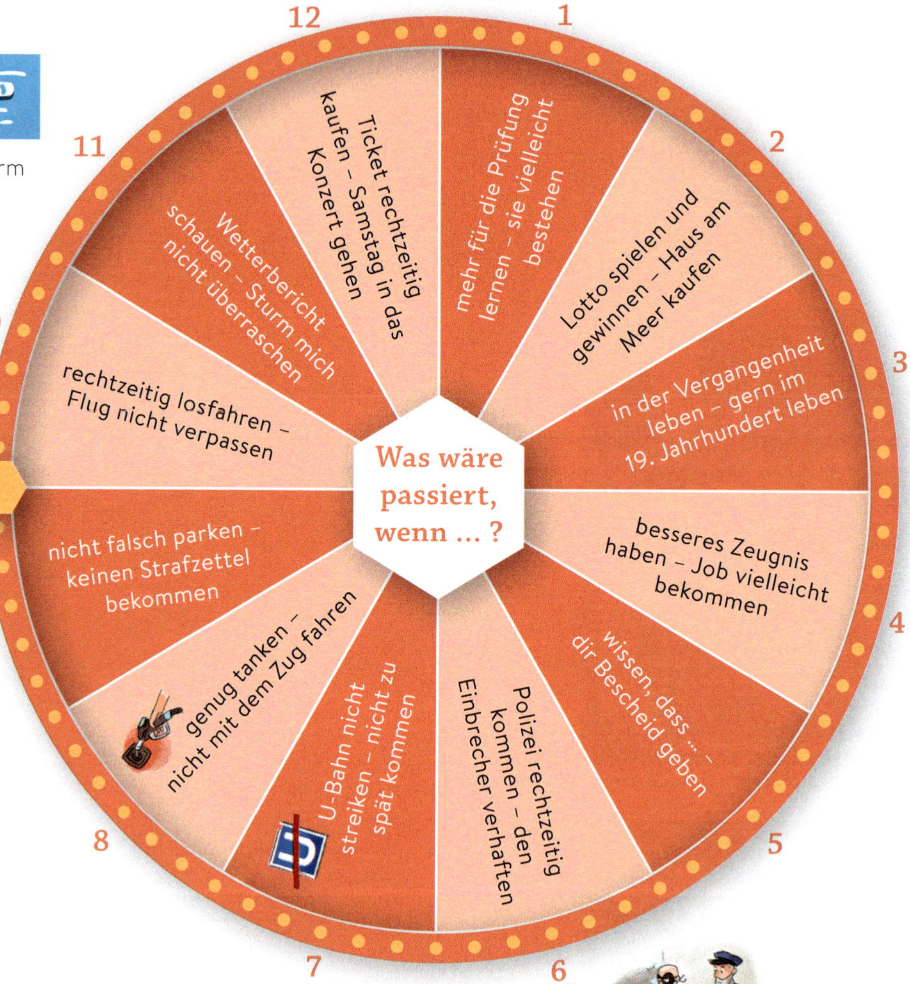

◆ Strafzettel

◆ Einbrecher verhaften

SCHON FERTIG?

Finden Sie eigene Sätze, die mit „Was wäre passiert, wenn ...?“ beginnen, und spielen Sie weiter.

24 **3b** → S. 66

Was bringt Ihnen die Zukunft?

Sehen Sie das Bild an und lesen Sie die Fragen. Lesen Sie dann den Brief und schreiben Sie sich selbst eine „Flaschenpost" über Ihre Zukunft. Ergänzen Sie die Sätze im Futur I.

oder

Sehen Sie das Bild an und lesen Sie die Fragen. Nehmen Sie dann eine Sprachnachricht oder ein Video über Ihre Zukunft auf. Verwenden Sie Sätze im Futur I.

Liebe/r ____________ (Ihr Name)

Ich schätze, dass du in ... Monaten / Jahren ...
und kann mir gut vorstellen, dass ...
Das scheint mir realistisch.
Dass du jemals ..., halte ich für eher unwahrscheinlich.
Ich wünsche dir, dass du ...

Ganz sicher ... Das solltest du dir fest vornehmen.
Zukünftig ..., dazu gibt es keine Alternative.

Ich verspreche dir, dass ...

Dein/e ____________ (Ihre Unterschrift)

24 **4b** → S. 67

Mein „Zeitkreis"

a Zeichnen Sie einen „Zeitkreis" wie im Beispiel, wählen Sie einen Werktag und füllen Sie den Zeitkreis für sich aus. Ergänzen Sie auch Wörter, die Ihre Gefühle beschreiben. Hilfe finden Sie im Bildlexikon.

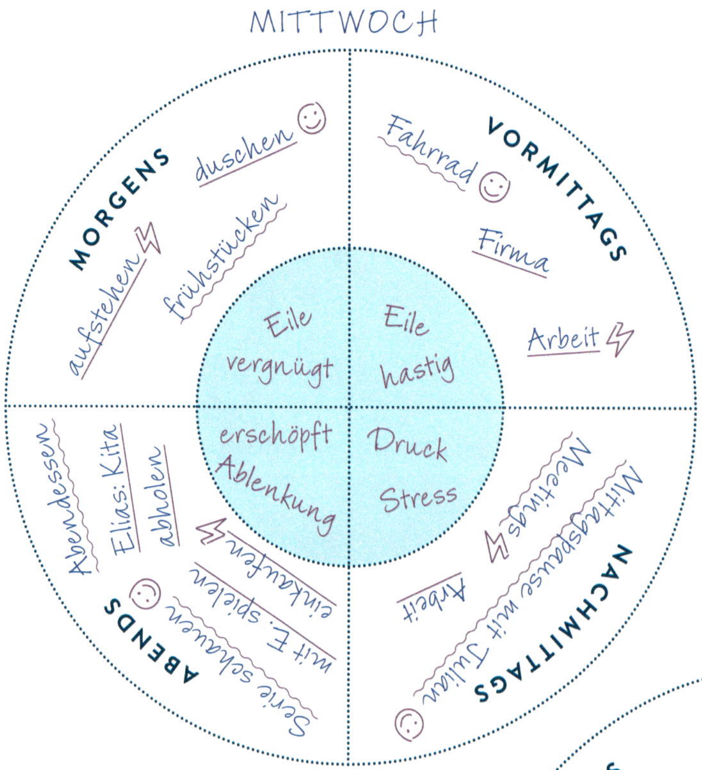

Das muss ich machen!

Das mache ich freiwillig!

Das mache ich gern. ☺
Das mache ich nicht gern. ϟ

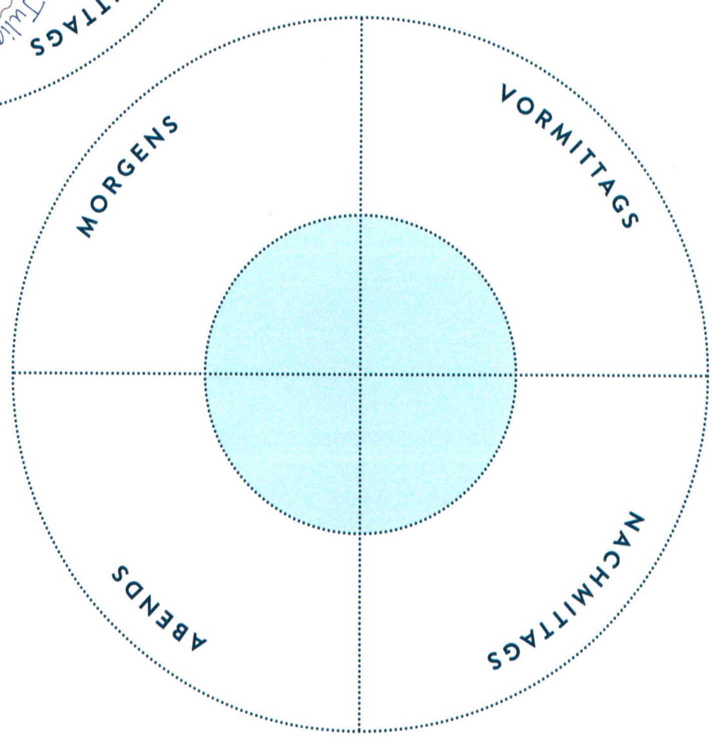

b Arbeiten Sie zu zweit. Ihre Partnerin / Ihr Partner sieht Ihren „Zeitkreis" an und stellt Ihnen mindestens fünf Fragen. Antworten Sie.

- Elias ist dein Sohn, oder? Wer bringt ihn denn am Morgen in die Kita?
- Das macht meine Frau.
- Und auf der Arbeit hast du viel Stress und Druck …
- Ja, ich bin Software-Entwickler und habe viele Termine.

+ SCHON FERTIG?
Zeichnen Sie einen „Zeitkreis" für Ihren perfekten Werktag.

AUFGABEN FÜR PARTNER/IN B

13 **3b** → S. 11 PARTNER/IN B

Enten können sowohl schnell schwimmen als auch weit fliegen.

Arbeiten Sie zu zweit. Sehen Sie das Bild an und sprechen Sie mit Ihrer Partnerin / Ihrem Partner. Verwenden Sie:

gesund / lecker sein → *sowohl … als auch* ODER *nicht nur …, sondern auch*

~~sportlich~~ / ~~schnell~~ sein → *weder … noch*

- Partner/in A: Nummer 1: Enten können sowohl schnell schwimmen als auch weit fliegen.
- Partner/in B: Nummer 2: Schau mal, der Mann, der da joggt, ist …
- Partner/in A: Nummer 3: Der Mann hat …

+ SCHON FERTIG?

Bilden Sie weitere Sätze zum Bild.

18 **5d** → S. 36 PARTNER/IN B

Viel zu tun im Krankenhaus!

a Schreiben Sie zuerst Fragen mit *nachdem* zu Ihren Personen.

Was hat denn Dr. Arne Behrens gemacht, nachdem er die Untersuchungsergebnisse erklärt hatte?

Dr. Anita Bresky

ein Kommunikationstraining geleitet

mit einer Journalistin gesprochen

Dr. Arne Behrens

die Untersuchungsergebnisse erklärt

Schmerzmittel verschrieben

Tim Wasche

eine Wunde versorgt 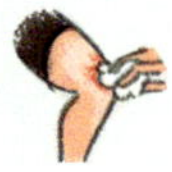

einen Verband gemacht und die Patientin beraten 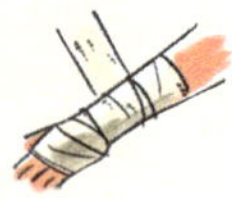

Ferhat Kaya

einen Arzt bei Krankenbesuchen begleitet 

Galina Iwanowna

mit Angehörigen geredet

eine Kaffeepause gemacht

Dr. Stefan Knuppe

mit dem erkälteten Patienten gesprochen 

Sibylle Franz

eine Kommunikationssituation in einer Arztpraxis gespielt 

mit den Studierenden die Situation besprochen

Dr. Gabriela Bandel

viele Patienten gegen Grippe geimpft 

Dr. Daan Jansen

einen Patienten untersucht

dem Patienten eine Therapie empfohlen

Dr. Cosmin Stoica

im Krankenwagen mitgefahren

Enrico Fumagalli

in die Umkleide gegangen

nach Hause gefahren

Réka Szabó

am Vormittag auf der Kinderstation geholfen

b Fragen Sie dann Ihre Partnerin / Ihren Partner und ergänzen Sie die fehlenden Informationen.

- Partner/in A: Was hat denn Dr. Anita Bresky gemacht, nachdem sie ein Kommunikationstraining geleitet hatte?
- Partner/in B: Nachdem sie ein Kommunikationstraining geleitet hatte, hat sie mit einer Journalistin gesprochen.

…

- Partner/in B: Was hat denn Dr. Arne Behrens gemacht, nachdem er die Untersuchungsergebnisse erklärt hatte?
- Partner/in A: Nachdem er die Untersuchungsergebnisse erklärt hatte, hat er ein Schmerzmittel verschrieben.

19 **5b** → S. 43 PARTNER/IN B

Checkliste: Ein Stipendium beantragen

a Was ist schon erledigt worden? ✓ Was ist noch nicht gemacht worden? ✗ Sehen Sie die Checkliste an und antworten Sie Ihrer Partnerin / Ihrem Partner.

Stipendium für einen Sprachkurs
- ✓ den Antrag für das Stipendium stellen
- ✗ Kopien von den Deutschkurs-Zeugnissen abgeben
- ✓ das Formular ausfüllen
- ✓ eine Eingangsbestätigung ausstellen
- ✗ den Antrag genehmigen

- Partner/in A: Ist der Antrag für das Stipendium schon gestellt worden?
- Partner/in B: Ja, der Antrag ist schon gestellt worden.

b Was ist schon erledigt worden? Fragen Sie Ihre Partnerin / Ihren Partner und haken Sie auf der Liste ab. ✓ Was ist noch nicht gemacht worden? Machen Sie ein Kreuz. ✗

Stipendium für eine Weiterbildung
- ✗ den Antrag für das Stipendium ausfüllen
- ⬡ das Formular unterschreiben
- ⬡ alle Dokumente abgeben
- ⬡ einen Termin auf der Behörde vereinbaren, um die Abgabefrist zu verlängern
- ⬡ das Stipendium genehmigen

- Partner/in B: Ist der Antrag für das Stipendium schon ausgefüllt worden?
- Partner/in A: Nein, der Antrag ist noch nicht ausgefüllt worden.

20 **7** → S. 48 PARTNER/IN B

(An)Statt um 7:00 Uhr aufzustehen, …

Arbeiten Sie zu zweit. Lesen Sie den normalen Tagesablauf von Marie. Was macht sie an diesem Tag anders? Fragen Sie Ihre Partnerin / Ihren Partner abwechselnd und ergänzen Sie die fehlenden Informationen.

oder

Arbeiten Sie zu zweit. Lesen Sie den normalen Tagesablauf von Marie. Was macht sie an diesem Tag anders? Notieren Sie Sätze. Partner/in A zu 1, 3, 5, 7, Partner/in B zu 2, 4, 6. Fragen Sie Ihre Partnerin / Ihren Partner abwechselnd und notieren Sie.

Das macht Marie normalerweise, …	aber heute ist alles anders!
1 Marie steht um 7:00 auf.	1 Sie sieht den Sonnenaufgang an. 
2 Sie frühstückt schnell im Stehen.	2 *Sie geht ins Café und liest die Zeitung.*
3 Sie fährt mit dem Bus zur Arbeit.	3 Sie nimmt das Fahrrad.
4 Sie sitzt fünf Stunden vor dem Computer.	4 ………
5 Sie isst in der Kantine.	5 Sie macht mit ihren Kolleginnen und Kollegen ein Picknick im Park.
6 Sie fährt um 20:30 Uhr den Computer herunter. 	6 ………
7 Sie schläft vor dem Fernseher ein.	7 Sie liest auf dem Balkon ein Buch.

- Partner/in A: Was macht Marie, anstatt dass sie um 7:00 Uhr aufsteht?
- Partner/in B: Anstatt um 7:00 Uhr aufzustehen, sieht sie den Sonnenaufgang an. Was macht Marie, anstatt dass sie schnell im Stehen frühstückt?
- Partner/in A: Statt schnell im Stehen zu frühstücken, geht sie …

G

Hauptsatz	Nebensatz			
				Ende
Marie sieht den Sonnenaufgang an,	(an)statt dass	sie	um 7:00 Uhr	aufsteht.
	(an)statt			aufzustehen.

Lösungen zu den Schnelltests

MODUL 5

13

W **a** Kuh **b** Taube, Eule **c** Tiger, Elefant **d** Delfin, Tintenfisch

G **a** In unserem Garten gibt es weder Ratten noch Mäuse. **b** Im Ozean leben sowohl Delfine als auch Tintenfische. **c** Tauben sind nicht nur intelligent, sondern auch schnell. **d** Elefanten ernähren sich sowohl von Gras als auch von Früchten. **e** Meine Katze ist nicht nur faul, sondern auch ziemlich langsam. **f** Ich mag weder Hunde noch Katzen.

K 1f, 3e, 4b, 5d, 6a

14

W 2e, 3d, 4a, 5b

G **b** wo **c** was **d** was **e** wo

K **b** Freude **c** Internet **d** Unternehmen **e** beschäftige **f** Kenntnisse **g** Vorstellungsgespräch

15

W **a** verliebt **b** Sehnsucht **c** umarmt, geküsst, liebe **d** flirte, date **e** Liebesgeschichte

G **a** Heute lasse ich meinen Roboter die Wohnung aufräumen. **b** Danach lasse ich ihn mein Fahrrad putzen. **c** Und dann lasse ich ihn ein Date organisieren. **d** Zum Schluss lasse ich ihn einen Liebesbrief schreiben.

K 6, 3, 2, 4, 1, 5

MODUL 6

16

W **b** Bargeld **c** Konto **d** EC-Karte **e** Überweisung **f** Schalter **g** IBAN

G **a** Entweder … oder **b** zwar …, aber **c** Je …, desto

K 4, 3, 1, 6, 2, 5

17

W 2 der Künstler 3 die Zeichnung 4 das Kunstwerk 5 die Skulptur 6 die Grafik

G **a** Indem du gute Kontakte hast und hart arbeitest. **b** Indem man wenig Zucker isst. **c** Indem er jeden Tag eine Stunde übt. **d** Indem ihr viele deutsche Filme schaut. **e** Vielleicht indem du einen Tanzkurs machst.

K **b** halte 🙁 **c** lehne 🙁 **d** bringt 🙂 **e** sieht 🙂

18

W **b** der Notfall **c** das Schmerzmittel **d** die Sprechstunde **e** der Krankenwagen

G **b** Nachdem ich einen anderen Radfahrer überholt hatte, habe ich eine Mülltonne zu spät gesehen und hatte einen Unfall. **c** Nachdem ein Krankenwagen gekommen war, sind wir ins Krankenhaus gefahren. **d** Nachdem ich in der Notaufnahme eine Stunde gewartet hatte, hat mich eine Notärztin untersucht.

K 2, 1, 3, 5, 4

MODUL 7

19

W **b** stellen **c** abgeben **d** ablehnen **e** ausstellen

G **b** Getränke und Snacks sind schon gekauft worden. **c** Die Gäste sind schon eingeladen worden. **d** Das Programm ist schon besprochen worden. **e** Die Musik ist schon ausgesucht worden. **f** Die Dekoration ist schon gebastelt worden.

K **b** üblich **c** Normalerweise **d** Gegensatz **e** Regel **f** vergleichen

20

W 2c, 3e, 4b, 5a

G **1a** nur **b** nicht **c** nur **2a** ohne **b** statt **c** statt

K 1d, 2b, 3e, 4a

21

W **b** Geografie **c** Biologie **d** Geschichte **e** Mathematik

G **b** darf … vernachlässigt werden **c** könnte … verbessert werden **d** soll … gefördert werden

K **1** d, b, a, c **2** b, d, c, a

MODUL 8

22

W **a** Regierung **b** Gericht **c** Abgeordneten **d** Bundespräsident

G **b** Man hat den Eindruck, als ob sie nicht lachen könnte. **c** Ich habe nicht das Gefühl, als ob er glücklich wäre. **d** Es wirkt so, als ob sie keine Zeit hätten.

K **b** Ersten **c** Wirkung **d** beeindruckt **e** Hoffnung

23

W **b** Bundesländer **c** Frieden **d** Grenze **e** Denkmal

G **b** gehabt hätte, … wäre … gegangen **c** gewesen wäre, … hätte … kennengelernt **d** gemacht hätten, … hätten … verliebt

K 4, 6, 3, 1, 5, 2

24

W **a** die Gelassenheit **b** die Eile, sich hetzen

G **b** wirst … machen **c** werde … besuchen **d** werde … reisen **e** wird … werden

K 1b, 2b, 3a

Quellenverzeichnis

Cover © Cavan Images - stock.adobe.com
U2 © www.landkarten-erstellung.de HF/AB

U3 Illustrationen: Michael Mantel, Barum
S. 9: Tauben © OlegD - stock.adobe.com
S. 10: Zeichnung © Getty Images/DigitalVision Vectors/Grafissimo; Taube © MoRox - stock.adobe.com; Tauben Nest © Getty Images/iStock/ViniSouza128; untere Reihe: Taube © Videocorpus - stock.adobe.com; Ratte © George Dolgikh - stock.adobe.com; Spinne © PantherMedia/Zdenek Pistek; Eule © fotolia/Eric Gevaert; Tiger © MEV; Elefant © Getty Images/iStock/KenCanning; Schlange © Thinkstock/Photos.com/Jupiterimages
S. 11: Delfin © Getty Images/E+/kristian sekulic; Tintenfisch © PantherMedia/Reinhard Bruckner; Ziege © Getty Images/iStock/Fabian Plock; Kuh © fotolia/Jan Schuler; Hirsch © Thinkstock/iStock/dmodlin01; Fuchs © Getty Images/iStock/jimfeng
S. 12: Pinguine © iStock/elmvilla
S. 13: Frauen © Getty Images/E+/filmstudio; Computer © Getty Images/iStock/kasinv
S. 14: © Thinkstock/Digital Vision
S. 17: Straßenszene © Getty Images/iStock/Istvan Balogh; Plakat „Ich bin Dein Mensch“ © 2021 Majestic Filmverleih
S. 18: Frau © Coloures-Pic - stock.adobe.com; Mann © GVS - stock.adobe.com; Filmausschnitt „Ich bin Dein Mensch“ © 2021 Majestic Filmverleih
S. 25: Mann © Getty Images/E+/damircudic
S. 26: Elisa © Getty Images/iStock/Capuski
S. 29: Straßenszene © cvincelet - stock.adobe.com
S. 30: Juliana Armenta Produktionsfoto: Jana Weers, Berlin; Kunst Collage aus: © ink drop - stock.adobe.com, © primopiano - stock.adobe.com, © Normform - stock.adobe.com, © Getty Images/E+/FOTOGRAFIA INC., © astrosystem - stock.adobe.com, © Luc.Pro - stock.adobe.com, © Oleksandr - stock.adobe.com, © Robert - stock.adobe.com, © PantherMedia/Hanns-Joachim Recksiek; Künstler-/in © Getty Images/E+/baranozdemir; Maler-/in © Getty Images/E+/South_agency; Fotografie © Getty Images/iStock/monkeybusinessimages; Kunstwerk © PantherMedia/Dmitry Orlov
S. 31: Filmausschnitt Juliana Armenta Produktionsfoto: Jana Weers, Berlin; Gemälde © Getty Images/iStock/Nongkran_ch; Skulptur © Thinkstock/iStock/Gilmanshin; Street-Art © Getty Images/E+/FOTOGRAFIA INC.; Graffiti © fotolia/Visual Concepts; Zeichnung © Shutterstock.com/Ezz Mika Elya; Grafik © Getty Images/iStock/Normform
S. 33: Foto © Getty Images/E+/FatCamera
S. 34: Mann © Getty Images/iStock/DMEPhotography
S. 35: Frau © Getty Images/E+/Portra
S. 41: Schreinerei © Getty Images/E+/sanjeri; Wanderjahre © Getty Images/iStock/sandyriverman
S. 42: Mann © Getty Images/E+/andresr; Frau © Getty Images/E+/sanjeri
S. 43: Brillen © Getty Images/iStock/Ikonoklast_Fotografie
S. 45: Frosch © Getty Images/iStock/Ok Sotnykova; Fam. Hüllnitz © Getty Images/iStock/Image Source; Sara © Getty Images/E+/FreshSplash
S. 46: Fake News © SdecoretMockup - stock.adobe.com; René © Getty Images/iStock/Dejan_Dundjerski; Sara © Getty Images/E+/FreshSplash; Jens © Getty Images/E+/Johnny Greig
S. 48: Eisbären © hperry - stock.adobe.com
S. 49: Junge © Getty Images/iStock/4x6; Whiteboard © Getty Images/iStock/ChakisAtelier
S. 50: Kinder © Getty Images/iStock/Drazen Zigic; alle Piktogramme © Getty Images/iStock/GreenTana
S. 51: Julia © goodluz - stock.adobe.com; Derek © StratfordProductions - stock.adobe.com; Ahmad © eggeeggjiew - stock.adobe.com; alle Piktogramme © Getty Images/iStock/GreenTana
S. 52: Anita © Ulrika Kestere - stock.adobe.com; Yasemin © fizkes - stock.adobe.com; Julian © Getty Images/E+/JGalione
S. 57: Petra Kelly Illustration © Simon Schwartz | Heinrich-Böll-Stiftung, 2022;
S. 58: © picture-alliance/dpa|Karin Hill - Petra Kelly, Sprecherin der Grünen, bei der Blockade des US-Raketendepots am 01.09.1983 in Mutlangen.; die Partei © cbies - stock.adobe.com - die politischen Parteien Deutschlands
S. 60: Logo und Award Foto © www.rightlivelihood.org
S. 61: Turm © Getty Images/iStock/Gutzemberg; Tuncay © Getty Images/iStock/Lord Baileys
S. 62: Karte © sunt/stock.adobe.com; Filmausschnitt © Eulefilm - natur.wissenschaft.audiovisuell - www.eulefilm.de und BUND Fachbereich Grünes Band - www.bund.net; Tuncay © Getty Images/iStock/Lord Baileys; Greta © Thinkstock/iStock/ChrisMajors; Suszanna © Getty Images/E+/filadendron
S. 63: Luchs © Getty Images/iStock/Andyworks
S. 64: Strand © Getty Images/iStock/A-Tom
S. 65: Magdalena © Getty Images/iStock/galdzer
S. 67: Uhren © Getty Images/iStock/FORGEM; Frau © Getty Images/iStock/Deagreez; Mann © Getty Images/iStock/decisiveimages
S. 73: Magazinseite © Cavan Images - stock.adobe.com
S. 74: Roboter © Getty Images/E+/imaginima
S. 75: Schafe © Getty Images/iStock/KarelGallas; Sarah © Getty Images/iStock/Ridofranz; Orang-Utan © Getty Images/iStock/KiltedArab

S. 76: Kinder © Getty Images/iStock/monkeybusiness-images; Ada Lovelace, Porträt um 1835. Englische Mathematikerin und Schriftstellerin - © IanDagnall Computing/Alamy Stock Foto; Margaret Hamilton © NASA Image Collection/Alamy Stock Foto
S. 77: Graf Fidi | https://graffidi.de - Foto © Andi Weiland | andiweiland.de
S. 78: Buchstaben © Getty Images/iStock/Just_Super; Moderator © Getty Images/iStock/Antonio_Diaz
S. 79: Frauen © Robert Kneschke - stock.adobe.com; Illustrationen © Getty Images/DigitalVision Vectors/bamlou
S. 80: A © Getty Images/E+/ClarkandCompany; B © Getty Images/E+/YorVen; C © Getty Images/iStock/joshuaraineyphotography; D © Getty Images/E+/luza studios
S. 81: Cover und Textauszug © DuMont Buchverlag, Köln - Mariana Leky "Kummer aller Art"
S. 84 + 85: Frau © Getty Images/E+/AzmanJaka
S. 88: Zer-Rur © Getty Images/E+/Rifka Hayati; A © Getty Images/iStock/Avlana; B © Getty Images/iStock/Xebeche; C © Getty Images/E+/carlosalvarez
S. 89: Kalan © Getty Images/E+/damircudic; A © Getty Images/E*/martin-dm; B © Thinkstock/iStock/bernardbodo; C © iStockphoto/apelletr; Nadine © Getty Images/E+/Drazen_; A © Getty Images/iStock/monkeybusinessimages; B © Getty Images/E+/baona; C © Getty Images/iStock/georgeclerk; Helge © Getty Images/E+/CasarsaGuru; A © Getty Images/iStock/bogonet; B © iStock/Eric Isselée oder © iStock/GlobalP bei alten Projekten; C © Shutterstock.com/halfmax.ru
S. 92: Anita © Getty Images/E+/Portra; Arne © Getty Images/E+/HRAUN; Tim © Getty Images/E+/SolStock; Ferhat © Daniel Ernst - stock.adobe.com; Galina © JackF - stock.adobe.com; Stefan Produktionsfoto: Alexander Sascha Keller, München; Sibylle © Getty Images/E+/FatCamera; Gabriela © Getty Images/E+/SilviaJansen; Daan © Getty Images/E+/PeopleImages; Cosmin © Thinkstock/iStock/NADOFOTOS; Enrico © fotolia/Rido; Réka Produktionsfoto: Florian Bachmeier, Schliersee
S. 96: A © hperry - stock.adobe.com; B © Rawpixel.com - stock.adobe.com; C © Getty Images/iStock/Darko-Art
S. 99: Bundesrat © Getty Images/iStock/Heidloss Tilo Geringswald Felix GbR; Bundestag / Reichstag © Getty Images/iStock/georgeclerk; Schloss Bellevue (Bundespräsident-/in) © Getty Images/iStock/Rolphus; Kanzleramt (Bundeskanzler-/in) © Getty Images/iStock/PatrickPoendl; Bundesverfassungsgericht © Klaus Eppele - stock.adobe.com
S. 100: A © Getty Images/iStock/rvimages; B © Getty Images/E+/FG Trade; C © Getty Images/iStock/Jchaichan; D © Getty Images/iStock/nicoletaionescu; E © Getty Images/iStock/Bogdan Kurylo; F © Getty Images/E+/FatCamera; G © Getty Images/E+/vm; H © Getty Images/E+/SolStock; I © Getty Images/iStock/lzf
S. 101: B © picture-alliance/ASSOCIATED PRESS - Konrad Adenauer bei der Unterzeichnung des Grundgesetzes am 23. Mai 1949; C © Roland Brack/Alamy Stock Foto - Das Denkmal des deutschen Grenzpunkts Alpha.; D © RBM Vintage Images/Alamy Stock Foto - Bau der Berliner Mauer unter bewaffneter Bewachung, Berlin, Deutschland, 1961.; E © imageBROKER.com GmbH & Co. KG/Alamy Stock Foto - © imageBROKER.com GmbH & Co. KG/Alamy Stock Foto; F © sunt/stock.adobe.com
S. 103: Flasche © iStock/diewis33; Papier © Getty Images/iStock/Marat Musabirov
S. 106: Anita © Getty Images/E+/Portra; Arne © Getty Images/E+/HRAUN; Tim © Getty Images/E+/SolStock; Ferhat © Daniel Ernst - stock.adobe.com; Galina © JackF - stock.adobe.com; Stefan Produktionsfoto: Alexander Sascha Keller, München; Sibylle © Getty Images/E+/FatCamera; Gabriela © Getty Images/E+/SilviaJansen; Daan © Getty Images/E+/PeopleImages; Cosmin © Thinkstock/iStock/NADOFOTOS; Enrico © fotolia/Rido; Réka Produktionsfoto: Florian Bachmeier, Schliersee

Illustrationen: Michael Mantel, Barum
Bildredaktion: Natascha Apelt, Hueber Verlag, München

Inhalt der CD
CD 3: Hörtexte zum Kursbuch Lektionen 13 – 18;
CD 4: Hörtexte zum Kursbuch Lektionen 19 – 24

Sprecherinnen und Sprecher: Angelika Bender, Stefanie Dischinger, Peter Frerich, Verena Rendtorff, Manuel Scheuernstuhl, Patricia Strasburger, Walter von Hauff

Produktion: Tonstudio Graf, 82178 Puchheim bei München | Atrium Studio Medienproduktion GmbH, 81379 München